| 명문동양문고 |

史記 사기 명언 100

上

金東求 편저

圖書出版 明文堂

해 설

《사기(史記)》와 사마천(司馬遷)

한 권의 위대한 고전(古典)이라고 불리는 저작(著作)에는 그 저작에「무엇인가」가 걸려 있다고 한다. 또 반대로 그 저작에「무엇인가」가 걸려 있음으로써 오랜 시대의 파도에 씻긴 후에도 그것이 위대한 고전으로 존속되는 것이리라.

《사기》도 결코 그 예외는 아니다. 아니,《사기》만큼 절실하게 그 저자인 사마천의「무엇인가」가 걸려 있는 저작은 거의 없다고 해도 과언은 아닐 것이다.

사마천은 자를 자장(子長)이라 했다. 좌풍익하양(左馮翊夏陽 : 섬서성 관중도 한성현) 사람이며, 여러 설이 있기는 하지만 한나라 경제(景帝) 중원(中元) 5년(B.C. 145)에 태어났다. 무제 원삭(元朔) 3년(B.C. 126)인 20세 때 장강(長江 : 양자강)의 남북에 걸친 긴 여행을 시도했고, 돌아와서 낭중관(郎中官)에 올랐다.

원봉(元封) 원년(B.C. 110)에 태사령(太史令)의 벼슬에 있었다. 무제의 봉선(封禪) 의식에 참여할 수 없었던 아버지 사마담(司馬談)은 분사(憤死)했다. 사마천은 이때에 아버지의 유지(遺志)로서《사기》를 논술토록 부탁을 받았다. 같은 해 38세 때 아버지의 뒤를 이어 태사령이 되었으며,《사기》의 자료수집에 착수했다.

태초(太初) 원년(B.C. 104) 42세 때《사기》를 저술하기 시작했으나, 천한(天漢) 3년(B.C. 98)에 그 유명한「이능(李陵)의 사건」에 연좌되어 죄를 짓고 부형(腐刑 : 거세형)에 처해졌다.

그러나 그 이후에도《사기》의 저술에 전념하여 정화(征和) 연간(B.C. 92~B.C. 89)에 이르러 마침내《사기》1백 30권을 완성했다. 실로 20년이라는 장구한 세월이 그 때문에 소비된 것이다.

그런데 사마천이 사망한 해는 소상하지는 않지만, 소제(昭帝) 즉위 후(B.C. 88) 얼마 되지 않을 것으로 추정하고 있다.

그 밖의 사마천의 전기(傳記)나 혹은 사적(事跡)에 대한 것은「연보」에 나타나기도 하려니와 그의《사기》논술에 관련하여 기억해 둘 일은, 아버지 사마담의 분사사건과「이능의 화(禍)」에 조우되었던 사건이다. 즉 전기한 장강 남북에 걸친 긴 여행이나 자료 수집을, 그의《사기》논술에 있어 이른바「바깥쪽」에서 밀어준 일이라고 한다면, 사마천에게 내려진 가혹한 이 두 사건은 그것을 이른바「안쪽」에서 밀어준 것이라 하겠다.

그것은「태사공자서(太史公自序)」및「임안(任安)에게 보내는 글」을 일독하면 알 수 있듯이, 아버지 사마담의 분사와 그 때 아버지의 유지로서《사기》의 논술 사업을 눈물로 부탁받은 사실은 그 중도에 쇠해졌을망정 멀리는 주왕실(周王室)의 태사였던 사마씨에게 맥맥이 흐르는 역사가의 전통상 중요성을 사마천은 무겁게 느꼈을 것이며, 또 그때까지는 막연했을지도 모를 그의 역사가로서의 자각을 보다 새롭게 하기도 했으리라.

또 아버지 사마담이 죽은 직접적 원인이 되었던 것은 태사령 벼슬에 있으면서 무제가 행한 국가의 대례(大禮), 곧 봉선 의식에 참여할 것을 거부당한 그 「분함」도 사마천은 꾹 참지 않으면 안 되었을 것이다.

그리고 그것은 중국 역대의 제왕 중에서도 가장 위대한 한 사람으로 꼽히는 무제에 대하여, 나아가서는 그 통치의 융성이 극을 이룬 대한제국(大漢帝國)에 대하여 「각성의 눈」을 뜨게 한 것이 아니었을까? 그와 같은 그의 「각성의 눈」이 이능이 흉노에게 항복한 사건에 연좌되어 부형에 처해진다는, 문자 그대로 치욕에 빠짐으로써 처참하기까지 한 냉철을 띠게 된다.

즉 그것은 오직 아버지 담에게서 부탁을 받은 「울분」뿐만이 아니라, 그 자신의 내면(內面)에서 우러나오는 「울분」을 간직한 것이었다. 그리하여 「태사공자서」와 「임안에게 보내는 글」에서 사마천은 말한다.

"옛날 서백(西伯)은 유리(羑里)에 갇혀 있었기 때문에 《주역(周易)》을 부연했고, 공자는 진(陳)·채(蔡)나라에서 고생을 겪음으로써 《춘추(春秋)》를 지었으며, 굴원(屈原)은 쫓겨나서 귀양살이를 함으로써 『이소(離騷)』를 지었고, 좌구명(左丘明)은 눈이 멀었기 때문에 《국어(國語)》를 지었으며, 손자(孫子)는 다리의 무릎 뼈가 잘림으로써 《병법(兵法)》을 논했고, 여불위(呂不韋)는 촉(蜀)으로 쫓겨남으로써 《여람(呂覽)》을 세상에 전했으며, 한비(韓非)는 진(秦)나라에 갇힌 몸이 되어 「세난(說難)」과 「고분(孤憤)」을 지었다. 《시(詩)》 3백 편도 대개는 현인·성인의 발분에 의하여 만들어진 것이다."

이 모든 「분노」는 사마천에게 냉철한 역사가로서의 눈을 뜨게 해줌과 동시에 더 나아가서 역사의 절대 재단자(裁斷者)인 「하늘」에 대한 불신도 가지게 했다.

즉 열전의 총서(總序)로서, 어떤 의미로는 《사기》의 총서라고도 할 수 있는 「백이열전(伯夷列傳)」에서는 의(義)를 행하고도 그 보답으로 아사(餓死)한 백이 · 숙제에 대한 깊은 동정과 「하늘」에 대한 회의가 나타나 있다.

사마천 자신이 의를 행하고도 옥에 갇히고 치욕을 받았던 그 이능의 사건을 체험한 것으로써 백이 · 숙제의 운명과 사마천의 운명을 굳게 관련 지웠으며, 이에 따라 그 동정은 깊고 「하늘」에 대한 회의의 절규는 통절한 것으로 나타나 있다.

「하늘」에의 회의는 백이의 「일시(逸詩)」를 읽고 공자의 백이 · 숙제에 대한 말에 의심을 가지게 되는 것으로부터 시작된다.

"공자의 말에, '백이 숙제는 남의 지나간 잘못을 염두에 두지 않았고, 남을 원망하는 일이 없었다(不念舊惡 怨是用希). 그들은 인(仁)을 구했고 인을 얻었다. 그러니 무엇을 원망할 것이 있겠는가.' 라는 구절이 있는데, 나로서는 백이의 심경이 슬퍼서 견딜 수가 없다. 『일시』를 읽으면 흡사 원시(怨

詩)와 같아서 백이의 진의가 의심되기 때문이다.”

「일시」란 채미(采薇)의 시(詩)를 말함이다. 백이 숙제가 무왕에게 간할 뿐 그의 뜻을 받아들이지 않았는데, 마침 온 천하가 주(周)나라를 따르게 되자, 이를 부끄러이 여기며 「의(義)」로서 주나라의 녹속을 먹지 않으며, 수양산(首陽山)에 숨으려 할 때 다음과 같은 노래를 불렀다.

저 서산(西山 : 수양산)에 올라 고사리를 캐노라.
포악한 것으로 포악한 것을 바꾸고도
그 그릇됨을 알지 못하더라.
신농 · 우 · 하의 시대는 홀연히 지나갔으니,
나는 어디로 돌아갈 거나? 아아, 이젠 가리라.
운명의 기박함이여!

이 시를 실은 다음 사마천은 이렇게 말했다.

"이 노래로 미루어보아, 과연 백이 숙제는 남을 원망하는 일이 없었다고 하겠는가?"

채미의 시로서 백이의 심경을 슬픈 것이라 보고, 그 마음에는 하늘에 대한「원망」이 있다고 느낀 사마천은 공자가 말한 것처럼 "그들은 인을 구하고 인을 얻었다(求仁得仁). 그러니 무엇을 원망할 것이 있겠는가?"라고 해석할 수는 없었던 것이다. 이에 이르러「하늘」에 대한 불신을 분명히 말할 수 있을 것으로 생각된다.

사마천은 또 이렇게 말하고 있다.

「천도(天道)가 공평무사하고 항상 선인(善人) 편에 있다고 한다면, 인덕(仁德)을 쌓고 행위를 정결하게 했는데도 아사한 백이 숙제는 선인이 아니었더란 말인가?」

그리고 공문(孔門)의 수석 제자인 안회(顔回)가 쌀겨도 넉넉히 먹지 못하다가 요절하고 만 것과, 이와 반대로 포학무도하기 극에 이르렀던 최대의 대도적인 도척(盜跖)이 마침내는 천수(天壽)를 다했던 예를 들면서, 공평무사하고 항상 선인 편에 있다고 하는 「하늘」이 현실에 있어서는 전연 반대임을 말하며 「하늘」에 대한 불신을 표명하기에 이르고 있다.

"이상은 가장 그 모순이 두드러진 것들의 예이다. 그 밖의 근세에 이르러서는 그 하는 짓들이 방종하여 남에게 못할 짓을 마음대로 하고도 종신토록 호강하며 살고, 부귀가 자손에게까지 이어지는 예도 적지 않다.

이런 일에 비하여 걸음 한 번을 내딛는데도 땅을 가려서 밟고, 말을 한 마디 하는데도 적당한 때에 당해서만 말하며, 길을 가는데도 지름길을 가지 않고, 공정한 일이 아니면 분발하지 않았음에도 불구하고 오히려 재앙을 만나는 일이 헤아릴 수 없이 많다. 이런 일은 나를 아주 당혹케 만든다. 이른바 하늘의 도리라고 하는 것은 과연 옳은 것인가, 그른 것인가(天道是也非也)?"

그러나 사마천이 「하늘」에 대한 불신을 갖게 되었다고 해서 마음 약하게 굽히고 마는 인간은 결코 아니었다. 같은 「백이열전」에서 그는 이에 다음과 같이 말하고 있다.

"군자는 죽은 다음의 이름을 더럽히지 않으려고 조심한다. 가자(賈子)는 이렇게 말했다. '탐욕을 하는 자는 재물 때문에 죽고, 열사(烈士)는 이름을 위해서 죽으며, 권세를 부리는 자는 권세 때문에 목숨을 잃고, 평범한 서민은 오로지 생활에 매달린다.'

같은 광명(光明)은 서로 비추어 주고, 같은 무리는 서로 어울리기를 마치 구름이 용을 따르고, 바람이 범을 따르는 것과 같이 성인이 이 세상에 나타나고서야 만물도 빛을 얻게 되는 것이다. 백이 숙제는 현인이지만 공자의 붓을 통해서 비로소 그 이름이 드러나게 되었고, 안회(顔回)는 학문에 충실하였지만 공자의 기미(驥尾)에 붙음으로써 그 조촐한 품행이 더욱더 돋보이게 되었던 것이다.

함께 동굴에 숨어 사는 선비더라도 나가고 들어감에 때의 이로움과 이롭지 못한 점이 있기 마련이니, 허유(許由)·무광(務光)과 같은 사람의 이름이 높이 나지 않은 것은 슬픈 일이라 하겠다. 촌구석에 살면서 품행을 닦고 입신하고자 하는 사람은 청운의 선비를 만나지 못하는 한 어찌 그 이름을 후세에 전할 수가 있겠는가!"

여기에는 「천도(天道)」에 대한 회의로부터 「천도」의 긍정으로 사상의 변전이 기록된 것으로 생각된다. 그 전환의 계기는 그가 성인의 출현을 생각하는 데에 있을 것이다. 즉 성인의 출현에 의해 모든 인인(仁人)·현사(賢士)·의사(義士) 등의 행위가 드러나게 되고 이름이 후세에 빛나게 될 것으로 그는 생각했다.

이를테면 백이 숙제와 같은 현인도 공자의 찬양이 없었더라면 그 이름은 후세에 나타났을 리 없었을 것이고, 안회도 공자에게서 배웠기 때문에 그 행위가 점점 드러나게 된 것이다.

만약 성인에 의하여 그 행위가 드러나지 않는다면 아무리 훌륭한 일을 했다고 하더라도 그 이름은 묻히고 말 것이며 찬양되지 못할 것이다. 그리고 군자(君子)는 후세에 이름이 드러나지 못하는 것을 부끄러워할 것이다.

그렇다면「하늘」에 의해 이름이 드러나지 못한 사람이더라도 성인에 의해 후세에 이름이 드러날 수 있다면 그는 구원받은 사람이 될 것이다. 일견 천도의 모순된 갖가지 실상은「하늘」의 명령을 받고「하늘」의 대행자인 성인의 출현에 의하여 그 모순이 해결될 것으로 사마천은 생각했다. 그것은 모든 군자의 행위를 후세에 써서 남겨 그 이름을 드러나게 하는 것, 곧 그것이 성인의 일이다.

바꾸어 말하면, 성인의 이런 행위는 곧 역사가의 그것이다. 사마천은 이와 같이 생각했을 때 이른바「하늘」에 대한 불신을 초월할 수 있어서 스스로「하늘」의 회복을 목표로 하여 힘차게 일어섰던 것이다. 그리하여 이 52만 수천 마디에 이르는 방대한 양을 자랑하는 《사기》 1백 30권이 논술되기에 이른 것이다.

사마천과 사기

목 차

사기 명언 100上

史記 名言

보임소경서(報任少卿書)

— 보임소경서(報任少卿書) 또는 보임안서(報任安書)는 사마천이 친구인 임안(任安)에게 보낸 편지다. 임안은 한무제 때 익주자사와 북군사자호군(北軍使者護軍)을 역임하였으며, 여태자(戾太子) 유거(劉據)의 무고(巫蠱) 사건으로 하옥되었었다.

한무제 천한(天漢) 2년(BC 99년), 이광의 손자인 이능(李陵)이 흉노를 토벌하러 나갔다가 흉노에게 항복하였다.

사마천은 이능이 항복할 당시 무제에게 이능을 변호하다가 궁형에 처해졌다. 궁형의 치욕스런 형벌을 받고 다시 태사령이 되어 사기를 완성시킬 무렵 옛 친구 임안이 황제와 태자간의 무고(巫蠱)의 난에 연루되어 사형을 선고받게 되자, 사마천이 친구인 임안에게 답장으로 보낸 개인적인 편지로 임안에 대한 걱정과 자신이 궁형을 받게 된 과정을 한탄하며 쓴 편지다.—

태사공(太史公) 사마천이 삼가 재배하여 소경(少卿) 족하께 말씀드립니다.

지난번에 치욕을 당하시고도 저에게 서신을 보내서 사물을 대하는 태도를 신중히 하고 현명한 인사를 추천하는 데 힘쓰라는 가르침을 주셨습니다.

말씀하시는 뜻이 간곡하고 진지하여 제가 말씀에 따르지 않을 것 같아 원망하는 듯했으나, 이는 세속 사람들의 의견을 들어보면 제가 감히 그럴 수 없다는 것을 아실 것입니다. 제가 비록 재능은 없으나 덕망이 있는 분의 유풍을 곁으로나마 들은 바가 있습니다.

그러나 돌아보면 궁형을 당한 이래로 천한 직책과 어울려 있어 움직이면 더욱 질책을 당하고 나아지려 하면 도리어 손해를 입으니, 홀로 고민하고 있을 뿐 누구에게 말을 할 수 있겠습니까.

속담에 이르기를, "자기를 알아주는 사람이 없으면 누구를 위해 일하고, 또 누구에게 귀를 기울이겠는가?"라고 했습니다.

종자기(鍾子期)가 죽자 백아(伯牙)는 죽을 때까지 다시 거문고를 타지 않았습니다. 왜 그랬을까요? 선비는 자신을 알아주는 이를 위해 쓰임을 당하고 여자는 자기에게 기쁨을 주는 이를 위해 단장을 합니다(士爲知己者用 女爲說己者容).

저와 같이 몸이 이미 불구가 된 사람은 재능이 비록 수후(隨侯)나 변화(卞和)와 같고 품행이 허유(許由)나 백이(伯夷)처럼 고결하더라도 끝내 영예롭지 못할 것이며, 바로 남의 비웃음을 당해 스스로 더럽혀질 뿐입니다.

마땅히 서신에 대해 답해 드려야 했으나, 마침 동쪽으로 황제 폐하를 수행한 데다가 또 잡다한 일이 닥쳐와 서로 만날 기회도 적었고, 또 경황 중에 마음을 털어놓을 틈도 없었습니다.

지금 소경께서는 뜻밖의 죄를 안으신 지 한 달이 지나 (형을 집행하는) 선달이 닥쳐왔습니다. 저는 또 천자를 모시고 옹(雍)으로 가야 하는데 그동안 불행한 일을 당하시지 않을까 두렵습니다.

이로 인해 저의 마음속에 있는 분노와 고민을 좌우에게 알리지 못한 채 당신의 혼백이 멀리 가버리면 저의 여한은 끝이 없을 것입니다. 저의 마음속에 있는 분노와 고민을 대략 말씀드리오니 오랫동안 답신 드리지 못한 것을 지나치다고 생각하지 않으시면 다행이겠습니다.

제가 듣기로는 수신(修身)이란 지혜가 쌓이는 것이며 사랑을 베푸는 것은 인(仁)의 실마리이며, 주고받는 것은 도(義)의 표시이며, 치욕을 당하면 용감함을 결단하게 하며, 출세하여 세상에 이름을 남기는 것은 품행의 극치입니다.

선비는 이 다섯 가지가 있은 후에야 세상에 나아갈 수 있고 군자의 행렬에 낄 수 있습니다. 그러므로 이(利)를 탐하는 것보다 더 비참한 재앙은 없으며, 상심하는 것보다 고통스러운 슬픔은 없고, 조상을 욕되게 하는 것보다 더 추한 행위는 없으며, 궁형(宮刑)을 받는 것보다 더 큰 치욕은 없습니다.

궁형을 받은 사람이 보통 사람과 비교될 수 없는 것은 한 세대에만 있었던 게 아니라 오래 전부터 그렇게 해 왔습니다. 옛날 위 영공(衛 靈公)과 환관인 옹거(雍渠)가 수레를 함께 타자 공자는 그곳을 떠나 진(陳) 나라로 갔습니다.

상앙(商鞅)이 경감(境監)의 주선으로 군주를 알현하자 조량(趙良)이 한심하게 여겼고, 조담(趙談)이 문제(文帝)의 수레를 함께 타자 원사(袁絲)의 안색이 변했습니다.

이처럼 예로부터 사람들은 환관 따위와 관계를 가지는 것을 수치로 여겼으니, 평범한 사람들도 환관과 연관되면 기가 상한다고 여기는데, 강개한 선비야 어떻습니까!

지금 비록 조정에 아무리 인재가 모자란다고 한들 어찌 저 같이 환관의 형을 받은 사람이 호걸을 천거할 수 있겠습니까!

저는 선친의 유업에 힘입어 조정의 관직을 수행한 지 20여 년이 되었습니다. 그래서 스스로 생각건대, 위로는 군주에게 충성과 신의를 다하고, 훌륭한 책략을 세워 재능이 있다는 이름을 얻어도 황제에게 신임을 받을 수 없었습니다. 다음으로 또 타인의 과실을 바로잡고 결점을 보완하며, 어질고 유능한 사람을 천거하거나 초야에 숨어있는 선비를 조정에 드러나게 할 수도 없습니다.

밖으로는 군대를 거느리고 성을 공격하며 들에서 싸워 적장의 목을 베고 기를 빼앗는 공로도 세울 수 없습니다. 아래로는 오랫동안 공을 쌓아서 높은 관직이나 두터운 봉록을 얻어 친척이나 벗들에게 영광과 은총을 입게 할 수도 없습니다. 저는 이 네 가지 중에서 하나도 성취하지 못하고 구차하게 영합했으나 아무런 일도 이루지 못한 바가 이와 같습니다.

저도 일찍이 하대부(下大夫)의 대열에 끼여 외정(外廷)에서 하찮은 논의에 참가했습니다. 그때 법도를 다하지도 사려(思慮)를 다하지도 못했습니다. 지금 불구가 된 몸으로 청소나 하는 노예처럼 비천한 사람에 속하게 되었는데, 머리를 쳐들고 눈썹을 치켜뜨면서 시비를 논하는 것은 조정을 가벼이 여기고 당대의 선비를 부끄럽게 하는 것이 아니겠습니까!

아아! 아아! 저와 같은 인간이 이제 무슨 말을 하겠습니까! 이제 무슨 말을 하겠습니까!

게다가 일의 본말도 쉽게 밝혀지는 것이 아닙니다. 제가 젊었을 때에는 무엇에도 얽매이지 않을 만한 재능이 있다고 자부했으나, 장성하고 난 후로는 시골에서도 칭찬을 받은 일이 없었으나, 주상께서 다행하게도 저의 선친의 연고로써 저의 얕은 재주나마 받들 수 있게 해주셔서 궁중에 드나들 수 있게 되었습니다.

저는 머리에 동이를 이고 하늘을 우러러 볼 수 없다고 여겨 손님과의 왕래도 끊고 집안일도 잊어버렸습니다. 밤낮으로 불초한 능력을 다하고 한마음으로 직무에 힘써 주상의 신임과 총애를 받으려고 했습니다. 그러나 일이 크게 잘못되어 그렇지 못했습니다.

저와 이능(李陵)은 같은 시중(侍中)으로 있었지만 평소에 서로 가깝지는 않았습니다. 서로 다른 길을 걸어 함께 술을 마신 적도 없고 은근한 교제의 즐거움을 나눈 적도 없습니다.

그러나 제가 보는바 그의 사람됨은 비범한 선비의 품위를 스스로 지키고, 부모를 효성으로 모시며, 선비들과의 사귐에 신의가 있고, 재물에 청렴하여 주고받는 데는 의롭고, 분별함에 겸양이 있으며, 아랫사람에게 공검(恭儉)하였으며, 항상 분발하여 나라가 위급할 때는 자신을 돌보지 않고 목숨을 바침은 그것이 평소에 쌓은 바였으므로 저는 국사(國士)의 위풍이 있다고 여겼습니다.

무릇 신하된 자는 만 번의 죽음을 돌보지 않고 일생의 계략을 내는 것은 조정이 어려움에 처했을 때는 이미 찾아보기 드문 일이었습니다. 지금 일을 하다가 하나만 부당하다고 해도 자신과 처자식만 보전하기에 급급한 신하들이 서로를 따르며 그 잘못을 과장하니 저는 진실로 마음속으로 통분했습니다.

게다가 이능은 5천 명도 안되는 보병을 거느리고 적진 깊숙이 들어가 흉노의 왕정(王庭)까지 밟았으니, 이는 먹이를 호랑이 입에 늘어뜨린 것과 같았으니 막강한 흉노를 사방에서 공격하여 억만의 군사를 마주하며 선우(單于)와 더불어 싸우기를 10여 일에 죽인 적군의 수가 죽은 아군의 수보다 훨씬 많았습니다.

흉노는 사상자를 구조하러 오지도 못하자, 털가죽 옷을 입은 흉노의 군장(君長)들이 모두 두려워 떨며 좌우의 현왕(賢王)을 모두 소집하고 궁수들을 불러내어 온 나라가 함께 이능의 군대를 공격하여 포위했습니다.

이능은 천릿길을 옮겨 다니며 싸우다 화살이 다 떨어지고 퇴로가 끊어졌으나 구원병은 오지 않고 군사들의 사상자가 쌓이게 되었습니다. 그러나 이능이 한 번 외쳐 군사들을 위로하자 분기하지 않는 군사가 없었으며, 절로 감격해 눈물을 흘리며 피투성이가 되어 울음을 삼키며 빈 쇠뇌를 불끈 쥐고 칼날을 무릅쓰며 북쪽을 향해 목숨을 걸고 적과 싸웠던 것입니다.

이능이 아직 적에게 패배하지 않았을 때 사신이 조정에 보고하자, 한나라 공경(公卿)과 왕후(王侯)들은 모두 축배를 들며 황제를 축수했습니다. 그 후 며칠 뒤 이능이 패했다는 소식을 듣자 주상께서는 식사를 해도 맛을 잊으시고 조회에 참석해도 기쁜 마음이 없으셨습니다. 대신들도 걱정과 두려움에 어찌할 바를 몰랐습니다.

저는 자신이 비천하다는 생각도 잊고 천자께서 몹시 슬퍼하시는 것을 뵙자 저의 맹목적인 충성이나마 다하려 했습니다. 이능은 평소에 장수와 병사들에게 맛있는 음식을 주고 적은 것도 함께 나누며 그들의 사력을 다한 도움을 받을 수 있게 했으니, 비록 옛날의 명장이라 할지라도 이능보다 더 할 수는 없었을 것입니다.

몸은 비록 패했으나 그 속뜻을 보건대, 기회를 얻어 한나라에 보답하고자 했던 것입니다. 일은 이미 돌이킬 수 없게 되었지만, 그가 적을 무찌른 공로는 역시 천하에 드러내기에 충분합니다.

저는 내심 이러한 생각을 아뢰고자 했으나 기회가 없었는데, 마침 천자께서 부르셔서 물으시므로 이러한 취지에서 이능의 공적을 말씀드려 주상의 뜻을 넓혀 드리고 다른 신하들의 원망의 말을 막아보려 했습니다.

그러나 제 생각을 다 밝히지 못해 천자께서 이해하지 못하시고 제가 이사장군(貳師將軍)을 모함하고 이능을 위해 유세한다고 여기셔서 마침내 저를 옥리에게 넘기셨습니다. 간절한 저의 충성심을 끝내 밝힐 수 없었습니다.

그리하여 천자를 속인 죄로 마침내 형리의 판결을 받았습니다. 집이 가난하여 속죄금도 낼 수가 없었으며, 평소 교류하던 지인들도 도와주지 않았고, 주변의 친척들도 저를 위해 한 마디 말도 해주지 않았습니다.

몸은 감정이 없는 돌이나 나무(身非木石)가 아닌데도 홀로 옥리와 함께 감옥에 깊이 갇히고 말았는데, 누가 이 비통한 심정을 고하여 하소연해 주겠습니까!

이것은 진실로 소경(少卿)께서도 직접 겪어보신 바이니, 저의 처지가 어찌 그렇지 않겠습니까?

이능이 투항한 후에는 그 가문의 명성은 무너져버렸고, 저는 또한 잠실(蠶室 ; 옛날 궁형宮刑에 처할 사람을 가두는 감방)에 던져져서 거듭 세상의 웃음거리가 되었습니다.

슬프도다! 슬프도다! 세상 사람들에게 사정을 일일이 말하기는 쉬운 일이 아닙니다.

저의 선친께서는 부부단서(剖符丹書 ; 공이 있는 사람이나 집안에 내려주는 조정의 증서로 표창을 의미하는 용어. 剖符는 대나무, 나무, 금속 따위를 둘로 나누어 조정과 수상자가 각각 하나씩 나누어 가진다는 뜻이고, 이런 사실을 대개 붉은 글씨로 썼기 때문에 丹書라 한다)를 받을 만한 공로도 없었으며, 역사와 천문과 역법과 같은 일을 담당했는데, 이러한 일은 점쟁이나 무당에 가까워 본디 주상께서 희롱하는 바로 가수나 배우를 기르는 것에 불과하여 세상 사람들이 가벼이 여기는 것이기에, 가령 제가 법의 심판을 받아 처형된다 해도 세상 사람들은 아홉 마리의 소에서 털 하나를 잃어버린 것과 같고(若九牛亡一毛), 땅강아지와 개미가 죽는 것과 다를 것이 무엇이겠습니까?

게다가 세상에서는 또 절의로 인한 죽음과 달리 지혜가 궁하고 죄가 극히 중해 스스로 모면할 수 없자 마침내 죽음에 이르렀을 뿐이라고 여길 것입니다. 왜 그렇겠습니까? 평소에 이루어놓은 바가 그렇게 여기도록 만들었기 때문입니다.

사람은 본래 한번은 죽게 마련인데, 어떤 죽음은 태산처럼 무겁고 혹은 기러기 털처럼 가벼우니(或重於太山 或輕於鴻毛), 이는 그 죽는 방법이 서로 다르기 때문입니다. 가장 훌륭한 죽음은 선조를 욕되지 않게 하는 것이고, 다음은 자신을 욕되지 않게 하는 것이며, 그 다음은 이치에 어긋나거나 얼굴을 욕되지 않게 하는 것이며, 그 다음은 언사(言辭)와 영(令)에 욕됨이 없게 하는 것이며, 그 다음은 몸이 결박당하는 치욕을 당하는 것이요, 그 다음은 죄수복을 입는 치욕을 당하는 것이며, 그 다음은 형틀을 쓰고 밧줄로 묶여서 매질을 당하는 욕을 받는 것이며, 그 다음은 두발을 잘리고 쇠고랑을 차는 치욕을 받는 것이며, 그 다음은 살갗이 찢기고 몸뚱이와 손발이 잘리는 치욕을 당하는 것이요, 가장 나쁜 것은 궁형(宮刑)을 당하는 것으로 치욕의 극치입니다.

옛 책에 이르기를, "형벌은 대부(大夫)에게는 적용되지 않는다."라고 했습니다. 이 말은 선비의 절개는 강제로 어찌할 수 없다는 뜻입니다. 사나운 호랑이가 깊은 산중에 있을 때는 온갖 짐승들이 두려워서 떨지만, 우리에 갇히면 꼬리를 흔들며 먹이를 구걸하는 것이니 이는 점차 위세가 줄어들기 때문입니다.

그러므로 선비는 땅 위에 금을 긋고 감옥으로 삼는다 해도 기개로서 들어가지 않고, 나무를 깎아 형리(刑吏)라 해도 그를 대해 논의하지 않는 것이니, 이것은 이미 계획된 것이 정해져 분명하기 때문입니다.

지금 저는 손발이 묶이고 머리에는 형구를 쓰고 살은 드러내어 채찍을 맞으며 옥에 갇혀 있게 되었습니다. 이러한 때를 당해 옥리를 보면 머리를 조아리고 옥졸(獄卒)을 보면 두려워 가슴이 뛰는데 왜 그렇겠습니까? 오랫동안 감옥에 갇혀 자신의 기개가 줄어들었기 때문입니다.

이러한 지경에 이르고도 치욕을 당하는 것이 아니라고 말하는 것은 소위 뻔뻔스러운 사람일 뿐이니 이를 어찌 귀하다고 할 수 있겠습니까!

서백(西伯 ; 훗날 周 文王)은 제후의 우두머리였으나 유리

(羑里) 성에 갇혔었고, 이사(李斯)는 재상이었으나 오형(五刑)을 받았습니다. 회음왕(淮陰王 ; 회음후 한신韓信)은 왕이었으나 진현(陳縣)에서 형틀에 매이고, 팽월(彭越)과 장오(張敖)는 남면(南面)하여 왕을 칭했으나 옥에 갇혔습니다.

강후(絳侯)는 여씨(呂氏)들을 주살하여 권력이 오패(五覇)를 능가했으나 청실(請室)에 갇혔고, 위기후(魏其侯 ; 두영竇嬰)는 대장(大將)이었으나 죄수복을 입고 목에는 삼목(三木 ; 죄인의 목·손·발에 채우던 세 가지 형구刑具. 곧 칼·수갑·차꼬를 이름)이 채워졌고, 계포(季布)는 주가(朱家)에 의탁해 목에 칼을 쓴 노예가 되었으며, 관부(灌夫)는 거실(居室)에서 치욕을 당했습니다.

이 사람들은 모두 왕후장상(王侯將相)의 지위에 올라 이웃나라들에까지 명성을 떨쳤으나, 죄를 지어 법망에 저촉되었는데도 자살하지 못하고 세속에서 구차하게 살았으니, 예나 지금이나 한가지로 어찌 그것이 욕되는 일이 아니겠습니까!

이로써 말하건대, 용감과 비겁은 처해진 형세에 좌우되는 것이고, 강과 약은 형세에 의해 결정되는 것입니다. 참으로 그렇습니다! 이것이 어찌 괴이한 일이겠습니까?

대저 사람이 법 앞에 서기 전에 자진(自盡)하지 못하고 채찍질을 당하여 학대를 받고 나서 절개를 지키려고 한다 해도 이는 역시 때늦은 것이 아니겠습니까!

옛 사람들이 대부(大夫)에게 형벌을 내리는 것에 신중을 기했던 까닭은 대개 이 때문인 듯합니다.

무릇 인간의 감정이란 모두 살기를 탐하고 죽기를 싫어하며, 부모를 생각하고 처자를 돌보려 하나, 의리에 격분한 사람은 그렇지 않으니 이는 부득이한 정황이 있기 때문입니다. 지금 저는 불행하게도 부모님을 일찍 여의고 가까운 형제도 없이 홀로 외롭게 있으니, 소경께서 보시기에 제가 처자를 대하는 것이 어떻다고 여기십니까?

또 용기 있는 자라고 해서 반드시 절개를 지켜 죽는 것도 아니며, 비겁한 사내라도 의(義)를 사모하면 어디서라도 자신을 격려하지 않을 수 있겠습니까!

제가 비록 겁이 많고 나약하여 구차하게 살고자 하나, 또한 생사의 한계도 잘 이해하고 있으니 어찌 옥에 갇힌 채 치욕을 당할 수 있겠습니까! 또한 저 천한 노비나 하녀조차도 능히 자진할 수 있는데 하물며 저와 같은 사람이 어째서 자진하지 못하는 것일까요!

고통을 감내하고 구차하게 살면서도 더러운 옥 속에서 사양하지 않는 까닭은 제 마음속에 있는 것을 다 드러내지 못한 채 비루하게 세상을 떠나면 후대에 문채(文彩)가 드러나지 않을 것을 한스럽게 여겨서입니다.

예전에 부귀하면서도 이름을 내지 못한 인물은 이루 다 이를 수 없이 많았지만, 오로지 뜻이 크고 기개 있는 비상한 인물만이 칭송을 받았습니다. 문왕(周文王)께서는 구금된 뒤에 《주역(周易)》을 풀이하셨고, 공자(孔子)는 곤경에 빠지셨을 때《춘추(春秋)》를 지었습니다.

굴원(屈原)은 쫓겨나서 〈이소(離騷)〉를 지었고, 좌구명(左丘明)은 실명하고 나서 《국어(國語)》를 저술했으며, 손빈(孫臏)은 다리를 잘리는 형벌을 당하고도 병법을 논했으며, 여불위(呂不韋)는 촉으로 쫓겨났지만 세상에《여람(呂覽 ; 여씨춘추)》을 전했습니다.

한비(韓非)는 진(秦)나라의 옥에 갇혀서〈세난(說難)〉과〈고분(孤憤)〉을 지었습니다. 《시경(詩經)》300편의 시들도 대체로 성현의 발분하여 지은 것입니다.

이들은 모두 마음속에 맺힌 바가 있었으나 그 뜻을 밝힐 길이 없었기 때문에 지나간 일을 서술하여 후세 사람들이 자신의 뜻을 알아줄 것을 생각했던 것입니다.

좌구명은 눈이 멀고, 손빈은 다리가 잘려 끝내 세상에서 쓰이지 않자 물러나 책을 써서 꾀하는 바를 논하여 마음속 울분을 토로하면서 자신의 사상을 표현하고자 했습니다.

저는 몰래 불손하게도 쓸 줄 모르는 문장에 스스로를 기탁하려고 예부터 세상에 전해 내려오는 없어진 이야기를 망라하여 행해진 일을 간략하게 고증하고 시작과 결말을 종합하여 성공과 실패, 흥성함과 쇠망함의 이치를 살펴보고자 하여, 위로는 헌원(軒轅)에서 아래로는 지금에 이르기까지 〈표(表)〉 10편, 〈본기(本紀)〉 12편, 〈서(書)〉 8장, 〈세가(世家)〉 30편, 〈열전(列傳)〉 70편 등 총 130편을 지어 하늘과 인간의 관계를 탐구하고, 고금의 변화에 통달하여 일가(一家)의 학설을 이루고자 했습니다.

그러나 초고가 아직 이루어지기도 전에 이런 재난을 당했는데, 애석하게도 이 일을 다 완성하지 못했으므로 비록 극형을 당했으나 노기를 띠지 못했던 것입니다. 저는 진실로 이 책을 저술하여 여러 명산(名山)에 보관했다가 내 뜻을 알아줄 사람들에게 전해 고을과 도시에 알리고자 하기 때문입니다.

그렇게 되면 제가 이전에 받았던 모욕에 대한 질책을 보상할 수 있을 것이니, 비록 몇 만 번 모욕을 당한다 해도 어찌 후회함이 있겠습니까! 그러나 이는 슬기로운 사람에게는 말할 수 있지만 일반 사람에게는 말하기 어려운 일입니다.

또한 죄를 지은 자는 처신하기가 쉽지 않고 하류층들은 비방의 말이 많은 것이니, 제가 말을 삼가지 못하여 이러한 화를 입고 거듭 마을 사람들의 비웃음거리가 되어 선조를 욕되게 했으니 또 무슨 면목으로 부모님의 묘소를 다시 찾을 수 있겠습니까?

비록 수많은 세월이 흘러도 저의 수치만 더욱 심해질 뿐입니다! 이로 인해 하루에도 수없이 애간장이 타고, 집에 있으면 망연하여 무엇인가를 잃어버린 듯하며, 문을 나서면 어디로 가야할지를 모르겠습니다.

매번 이러한 치욕을 생각할 때마다 등줄기에 식은땀이 흘러내려 옷을 적시지 않은 적이 없으며, 몸이 환관과 같이 되었으니, 어찌 스스로 깊은 바위굴 속에 숨어 은거할 수 있겠습니까? 그래서 잠시 세상의 부침에 따르고 시대와 더불어 행동함으로써 미치고 미혹된 사람들과 교유하고 있습니다.

지금 비록 소경께서 저에게 현인을 추천해 달라는 가르침을 주셨는데, 이는 저의 개인적인 생각과는 상반되는 일이 아니겠습니까. 지금 비록 제가 스스로를 치장하여 미사여구로 제 자신을 꾸미려 한다고 해도 아무런 유익함이 없고 사람들도 믿지 않을 것이니, 오직 모욕을 받을 뿐일 것입니다.

요컨대 죽을 날을 기다린 연후에야 옳고 그름이 판명될 것입니다. 글로써는 능히 진심을 다 쓸 수 없어 저의 고루한 생각을 간략하게 적는 바이며, 삼가 재배합니다.

九牛一毛
(구우일모)

다수 속의 극소수.

사마천이 이능(李陵)을 변호했다는 일로 해서 궁형(宮刑 : 거세형)을 받게 된 데는 다음과 같은 사정이 있었다.

천한(天漢) 2년(BC 99), 이능은 이사장군(二師將軍) 이광리(李廣利)의 별동대가 되어 흉노를 정벌하게 되었다. 그는 변방 여러 나라에 이름을 날린 이광(李廣)의 손자다.

이능은 겨우 5천의 군사를 이끌고, 게다가 기마(騎馬)는 무제(武帝)가 내주지 않았다. 그럼에도 불구하고 적의 주력과 맞붙어 몇 십 배가 되는 적군과 10여 일에 걸쳐 연전(連戰)했다. 이능으로부터 싸움에 이기고 있다는 사자가 오면 도읍에서는 천자를 비롯하여 모두들 축배를 들며 기뻐했다. 그러나 그가 패배했다는 소식은 천자나 대신들을 더 없이 슬프게 했다.

그 이듬해의 일이다. 죽은 줄 알았던 이능이 흉노에게 항복하고 두터운 대우를 받고 있다는 것이 뚜렷해졌다. 한무제는 이 소식을 듣자 노발대발 이능의 일족을 몰살하려고 했다. 군신(君臣)은 일신의 안전과 이익을 위해 무제의 안색을 살피며 아무도 이능을 위해 말하는 자가 없었다.

만년(晩年)의 무제의 조정에는 점차 암운이 드리우기 시작하고 있었다. 이 때 단 한 사람, 이능을 변호한 사람이 사마천이다. 사마천은 전부터 "이능이란 사나이는 생명을 돌보지 않고 국난과 맞서는 국사(國士)다." 라고 생각하고 있었다. 그는 역사가로서의 엄한 눈으로 일의 진상을 꿰뚫어보고 대담하고 솔직하게 말하지 않고는 배기지 못하는 성격이었다.

"감히 말씀드리겠습니다. 이능은 얼마 안되는 군사로 억만의 적과 싸워 오랑캐의 왕을 떨게 했습니다. 그러나 원군은 오지 않고 아군에는 배반자가 나와 부득이했다고 생각합니다. 그렇지만 이능은 병졸들과 신고를 같이하고 인간으로서 극한의 힘을 발휘한 명장이라고 해도 과언은 아닙니다. 그가 흉노에게 항복한 것도 어쩌면 뒷날 한나라에 보답할 의도가 있었기 때문일 것입니다. 이때를 기해 이능의 공을 크게 천하에 나타내게 해 주십시오."

이 말을 들은 무제는 분연히 "천(遷)은 이광리의 공을 가로막고 이능을 위한다." 고 사추(邪推)하고 사마천을 투옥했을 뿐 아니라 나중에는 궁형(宮刑)에 처하고 말았다. 궁형이란 남자를 거세시켜 수염이 떨어지고 얼굴이 희멀개지며 성격까지 변한다는 형벌이다. 사마천 자신도 「최하등의 치욕」이라고 말하고 있다.

또 그는 세인(世人)은, "내가 형을 받은 것쯤은 구우(九牛)가 일모(一毛)를 잃은 정도로밖에 느끼지 않을 것이다."라고 말하고 있다.

그러나 사마천은 어째서 그 수모를 무릅쓰고 살아야 했을까? 하물며 노비라 해도 자해(自害)하는 수가 있는데, 어째서 목숨을 끊지 않았는가? 그것은 《사기》를 완성하기 위해서였다.

그의 아버지 사마담(司馬談)은 원수(元狩) 원년(BC 122) 태산에서 거행되는 봉선(封禪 : 천자가 하늘에 제사 지내는 의식)에 태사령이란 직책(제사를 관장함)에 있음에도 병으로 말미암아 참석하지 못한 것을 자책하여 죽었다고 하는데, 그때, "통사(通史)를 기록하라." 하고 아들 천(遷)에게 유언했다.

사마천으로서는 《사기》를 완성하지 않고서는 죽으려고 해도 죽지도 못했다. 아버지의 노여움과 아들의 노여움이 결합해서 사마천의 집념이 되었다. 그는 설사 세인의 조소 대상이 될지라도, 혹은 「하루에도 창자가 아홉 번씩 뒤틀리는」 것 같은 괴로움을 맛보면서도 쓰고 또 썼다. 속배(俗輩)들이 이해 못할 고즙(苦汁)을 맛보면서 《사기》 120권을 완성시켰던 것이다.

이상은 사마천의 「임안(任安)에게 보(報)하는 서(書)」

(《문통》과《한서》에 있다)에 의하나, 「구우일모(九牛一毛)」는 글자 그대로, 아홉 마리의 쇠털 중의 한 올로 「다수 속의 극소수」를 말한다. 또 같은 책에서 "죽음을 무겁게 보고 가벼이 죽을 수 없는 때도 있고, 가볍게 보고 한 목숨을 버리는 때도 있다. 어떤 때 죽는가 하는 것이 문제다."라고 말하고 있다.

泰山鴻毛 (태산홍모)

클 泰 뫼 山 기러기 鴻 터럭 毛

「태산과 기러기 털」이라는 뜻으로, 가볍고 무거움의 차이가 매우 큰 것을 비유하는 말로서, 가치 있는 죽음, 곧 어떻게 죽느냐가 중요함을 이르는 말.

전한(前漢)시대의 역사가로서, 중국 최고의 역사가로 칭송되는《사기》의 저자 사마천은 경제(景帝) 중원(中元) 5년(BC 145)에 태어났다. 무제의 태사령이 되어 사기를 집필하였고, 기원전 91년 《사기》를 완성하였다.

《사기》는 원래 아버지 사마담(司馬談)이 저술하기 시작한 것으로, 무제의 봉선(封禪) 의식에 참여할 수 없었던 사마담이 분사(憤死)하며 아들에게 완성하도록 유언하였다.

사마천은 무제 때 아버지의 뒤를 이어 태사령(太史令)이 되어 궁중에서 일하면서 《사기》를 저술하는 데 몰두하였다.

BC 99년에 이능(李陵)이 흉노족과 싸우다가 포위되어 투항하였는데, 이 일로 무제가 격노하였다. 조정의 대신들도 모두 이능이 투항한 일을 비난하였으나, 사마천은 이능이 용맹스럽게 싸우다가 어쩔 수 없이 항복한 것이라며 그를 변호하였다. 화가 난 무제는 사마천을 거세(去勢)하는 궁형(宮刑)에 처하였다.

이후 사마천은 남자로서 치욕을 견디면서 《사기》를 저술하는 일에 더욱 몰두하였다. 이때의 심경을 담아 친구인 임안에게 보낸 편지가 「보임소경서」이다. 소경은 임안의 자다.

이 글에서 사마천은 "사람은 본래 한 번 죽는 것인데, 그 죽음이 혹은 태산(泰山)처럼 무겁고 혹은 깃털처럼 가벼운 것은 그 지향하는 바가 다르기 때문이다(人固有一死 或重於泰山 或輕於鴻毛 用之所趨異也)."라고 말하고, 자신이 치욕을 참고 사는 것은 《사기》를 완성하기 위해서라고 밝혔다.

태산은 봉선(封禪)을 행하던 산으로서, 중국에서 오악(五嶽) 가운데서도 으뜸으로 치는 산이다. 사마천은 거대한 태산과 기러기의 깃털을 들어 가치 있는 죽음과 그렇지 못한 경우의 차이를 극명하게 대조한 것이다. 여기서 유래하여 「태산홍모」는 경중(輕重)의 차이가 매우 큰 것을 비유하는 데 사용된다. 또 가치 있는 죽음, 곧 어떻게 죽느냐가 중요하다는 이야기를 할 때 비유적으로 사용되기도 한다.

【원문】

報任少卿書 / 報任安書

太史公牛馬走司馬遷, 再拜言.

少卿足下:

曩者辱賜書, 教以慎於接物, 推賢進士爲務, 意氣勤勤懇懇. 若望仆不相師, 而用流俗人之言, 仆非敢如此也. 仆雖罷駑, 亦嘗側聞長者之遺風矣. 顧自以爲身殘處穢, 動而見尤, 欲益反損, 是以獨鬱悒而無誰語. 諺曰:"誰爲爲之?孰令聽之?" 蓋鍾子期死, 伯牙終身不複鼓琴. 何則?士爲知己者用, 女爲說己者容. 若仆大質已虧缺矣, 雖材懷隨和, 行若由夷, 終不可以爲榮, 適足以發笑而自點耳. 書辭宜答, 會東從上來, 又迫賤事, 相見日淺, 卒卒無須臾之間, 得竭指意. 今少卿抱不測之罪, 涉旬月, 迫季冬, 仆又薄從上雍, 恐卒然不可爲諱, 是仆終已不得舒憤懣以曉左右, 則長逝者魂魄私恨無窮. 請略陳固陋. 闕然久不報, 幸勿爲過.

仆聞之:修身者, 智之符也;愛施者, 仁之端也;取予者, 義之表也;恥辱者, 勇之決也;立名者, 行之極也. 士有此五者, 然後可以托於世, 列於君子之林矣. 故禍莫憯於欲利, 悲莫痛於傷心, 行莫醜於辱先, 詬莫大於宮刑. 刑餘之人, 無所比數, 非一世也, 所從來遠矣. 昔衛靈公與雍渠同載, 孔子適陳;商鞅因景監見, 趙良寒心;同子參乘, 袁絲變色:自古而恥之! 夫以中材之人, 事有關於宦豎, 莫不傷氣, 而況於慷慨之士乎!

如今朝廷雖乏人，奈何令刀鋸之餘，薦天下之豪俊哉！仆賴先人緒業，得待罪輦轂下，二十餘年矣．所以自惟：上之，不能納忠效信，有奇策材力之譽，自結明主；次之，又不能拾遺補闕，招賢進能，顯岩穴之士；外之，不能備行伍，攻城野戰，有斬將搴旗之功；下之，不能積日累勞，取尊官厚祿，以爲宗族交遊光寵．四者無一遂，苟合取容，無所短長之效，可見於此矣．鄉者，仆亦嘗廁下大夫之列，陪外廷末議．不以此時引維綱，盡思慮，今已虧形爲掃除之隸，在闒茸之中，乃欲仰首伸眉，論列是非，不亦輕朝廷、羞當世之士邪？嗟乎！嗟乎！如仆尙何言哉！尙何言哉！

且事本末未易明也．仆少負不羈之才，長無鄉曲之譽，主上幸以先人之故，使得奉薄伎，出入周衛之中．仆以爲戴盆何以望天，故絶賓客之知，忘室家之業，日夜思竭其不肖之材力，務一心營職，以求親媚於主上．而事乃有大謬不然者！

夫仆與李陵俱居門下，素非能相善也．趣舍異路，未嘗銜杯酒，接殷勤之餘歡．然仆觀其爲人，自守奇士，事親孝，與士信，臨財廉，取予義，分別有讓，恭儉下人，常思奮不顧身，以徇國家之急．其素所蓄積也，仆以爲有國士之風．夫人臣出萬死不顧一生之計，赴公家之難，斯已奇矣．今舉事一不當，而全軀保妻子之臣隨而媒孽其短，仆誠私心痛之．且李陵提步卒不滿五千，深踐戎馬之地，足曆王庭，垂餌虎口，橫挑強胡，仰億萬之師，與單於連戰十有餘日，所殺過當．虜救死扶傷不給，旃裘之君長咸震怖，乃悉征其左、右賢王，舉引弓之民，一國共攻而圍之．轉鬥千裏，矢盡道窮，救兵不至，士卒死傷如積．然陵一呼勞軍，士無不起，躬自流涕，沫血飲泣，更張空弮，冒白刃，北首爭死敵者．陵未沒時，使有來報，漢公卿王侯皆奉觴上壽. 後數日, 陵敗書聞, 主上爲之食不甘味, 聽朝不怡. 大臣憂懼, 不知所出. 仆竊不自料其卑賤, 見主上慘凄怛悼, 誠欲效其款款之愚, 以爲李陵素與士大夫絕甘分少, 能得人之死力, 雖古之名將, 不能過也. 身雖陷敗, 彼觀其意, 且欲得其當而報於漢. 事已無可奈何, 其所摧敗, 功亦足以暴於天下矣. 仆懷欲陳之, 而未有路, 適會召問, 即以此指, 推言陵之功, 欲以廣主上之意, 塞睚眥之辭. 未能盡明, 明主不曉, 以爲仆沮貳師, 而爲李陵遊說, 遂下於理. 拳拳之忠, 終不能自列. 因爲誣上, 卒從吏議. 家貧, 貨賂不足以自贖, 交遊莫救, 左右親近不爲一言. 身非木石, 獨與法吏爲伍, 深幽囹圄之中, 誰可告愬者! 此真少卿所親見, 仆行事豈不然乎?李陵既生降, 隤其家聲, 而仆又佴之蠶室, 重爲天下觀笑. 悲夫! 悲夫! 事未易一二爲俗人言也.

仆之先非有剖符丹書之功, 文史星曆, 近乎蔔祝之間, 固主上所戲弄倡優所畜, 流俗之所輕也. 假令仆伏法受誅, 若九牛亡一毛, 與螻蟻何以異?而世又不與能死節者比, 特以爲智窮罪極, 不能自免, 卒就死耳. 何也?素所自樹立使然也. 人固有一死, 或重於泰山, 或輕於鴻毛, 用之所趨異也. 太上不辱先, 其次不辱身, 其次不辱理色, 其次不辱辭令, 其次詘體受辱, 其次易服受辱, 其次關木索、被箠楚受辱, 其次剔毛發、嬰金鐵受辱, 其次毀肌膚、斷肢體受辱, 最下腐刑極矣! 傳曰"刑不上大夫." 此言士節不可不勉厲也. 猛虎在深山, 百獸震恐, 及在檻阱之中, 搖尾而求食, 積威約之漸也. 故士有畫地爲牢, 勢不可入; 削木爲吏, 議不可對, 定計於鮮也. 今交手足, 受木索, 暴肌膚, 受榜箠, 幽於圜牆之中. 當此之時, 見獄吏則頭搶地, 視徒隸則心惕息. 何者?積威約之勢也. 及以至是, 言不辱者, 所謂強顔耳, 曷足貴乎! 且西伯, 伯也, 拘於羑裏 ; 李斯, 相也, 具於五刑 ; 淮陰, 王也, 受械於陳 ; 彭越、張敖, 南面稱孤, 系獄抵罪 ; 絳侯誅諸呂, 權傾五伯, 囚於請室 ; 魏其, 大將也, 衣赭衣, 關三木 ; 季布爲朱家鉗奴 ; 灌夫受辱於居室. 此人皆身至王侯將相, 聲聞鄰國, 及罪至罔加, 不能引決自裁, 在塵埃之中. 古今一體, 安在其不辱也? 由此言之, 勇怯, 勢也 ; 強弱, 形也. 審矣, 何足怪乎?夫人不能早自裁繩墨之外, 以稍陵遲, 至於鞭箠之間, 乃欲引節, 斯不亦遠乎! 古人所以重施刑於大夫者, 殆爲此也.

夫人情莫不貪生惡死, 念父母, 顧妻子, 至激於義理者不然, 乃有所不得已也. 今仆不幸, 早失父母, 無兄弟之親, 獨身孤立, 少卿視仆於妻子何如哉?且勇者不必死節, 怯夫慕義, 何處不勉焉! 仆雖怯懦, 欲苟活, 亦頗識去就之分矣, 何至自沉溺縲紲之辱哉! 且夫臧獲婢妾, 猶能引決, 況仆之不得已乎?所以隱忍苟活, 幽於糞土之中而不辭者, 恨私心有所不盡, 鄙陋沒世, 而文采不表於後也.

古者富貴而名摩滅, 不可勝記, 唯倜儻非常之人稱焉. 蓋文王拘而演《周易》 ; 仲尼厄而作《春秋》 ; 屈原放逐, 乃賦《離騷》 ; 左丘失明, 厥有《國語》 ; 孫子臏腳, 《兵法》修列 ; 不韋遷蜀, 世傳《呂覽》 ; 韓非囚秦, 《說難》《孤憤》 ; 《詩》三百篇, 大底聖賢發憤之所爲作也. 此人皆意有所鬱結, 不得通其道, 故述往事、思來者. 乃如左丘無目, 孫子斷足, 終不可用, 退而論書策, 以舒其憤, 思垂空文以自見.

仆竊不遜, 近自托於無能之辭, 網羅天下放失舊聞, 略考其行事, 綜其終始, 稽其成敗興壞之紀, 上計軒轅, 下至於茲, 爲十表, 本紀十二, 書八章, 世家三十, 列傳七十, 凡百三十篇. 亦欲以究天人之際, 通古今之變, 成一家之言. 草創未就, 會遭此禍, 惜其不成, 是以就極刑而無慍色. 仆誠以著此書, 藏之名山, 傳之其人, 通邑大都, 則仆償前辱之責, 雖萬被戮, 豈有悔哉! 然此可爲智者道, 難爲俗人言也!

且負下未易居, 下流多謗議. 仆以口語遇遭此禍, 重爲鄕黨所笑, 以汙辱先人, 亦何面目複上父母之丘墓乎?雖累百世, 垢彌甚耳! 是以腸一日而九回, 居則忽忽若有所亡, 出則不知其所往. 每念斯恥, 汗未嘗不發背沾衣也! 身直爲閨閤之臣, 寧得自引深藏於岩穴邪? 故且從俗浮沉, 與時俯仰, 以通其狂惑. 今少卿乃教以推賢進士, 無乃與仆私心剌謬乎?今雖欲自雕琢, 曼辭以自飾, 無益, 於俗不信, 適足取辱耳. 要之, 死日然後是非乃定. 書不能悉意, 故略陳固陋. 謹再拜.

은본기(殷本紀)

주 지 육 림
酒池肉林 술 酒 연못 池 고기 肉 수풀 林

호사를 극한 굉장한 술잔치.

폭군의 대명사처럼 불리는 걸·주(桀紂)의 음란 무도한 생활을 단적으로 표현한 말로서, 술로 못을 만들고 고기로 숲을 이뤘다는 말이다. 하(夏)의 걸(桀), 은(殷)의 주(紂) 두 왕은 고대 중국에 있어서 폭군 음왕의 전형이었다. 그들은 다 같이 보통 이상으로 재능과 무용(武勇)을 지녔음에도 불구하고, 그 최후는 말희(妺嬉)와 달기(妲己)라는 음부에게 마음을 빼앗겨 이성을 잃고 주색의 향락에 탐닉해서 몸을 망치고 나라를 잃었던 것이다.

그들은 총애하는 여성의 환심을 사기 위해 제왕으로서 자기들에게 주어진 권력과 부를 사치와 음일(淫佚)로 일삼았다. 「주지육림」의 놀이라는 것도 이 제왕의 절대적인 권력과 부(富)의 배경 없이는 도저히 생각할 수 없는 호사한 「유희」의 하나였다.

《십팔사략》에 걸에 대해서 다음과 같은 이야기가 있다.

걸은 탐욕스럽고 포학했으며, 힘은 구부러진 쇠고리를 펼

정도였다. 유시(有施)씨의 딸 말희를 사랑해서 그녀의 말이라면 다 들어주었다.

옥과 구슬로 꾸민 궁전을 만들어 백성들의 재물을 고갈시켰다. 고기는 산처럼 쌓이고(肉山), 포는 숲처럼 걸려 있었으며(脯林), 술로 만든 못에는 배를 띄울 수가 있었고, 술지게미가 쌓여서 된 둑은 십리까지 뻗어 있었다. 한 번 북을 울리면 소가 물마시듯 술을 마시는 사람이 3천 명이나 되었다. 그것을 보고 말희는 좋아했다는 것이다.

또 《사기》에는 걸(桀)에 대해서는 그다지 구체적인 예를 들지 않고 있으나 주(紂)에 대해서는 자세히 말하고 있다. 그는 구변이 좋고 몸이 날랬다. 보는 눈과 듣는 귀는 남보다 빨랐다. 힘이 장사여서 손으로 맹수를 쳐 죽였다. 그의 지혜는 간하는 말을 충분히 물리칠 수 있었고, 그의 구변은 자기의 그릇된 행동을 정당화시킬 수 있었다. 그래서 신하들에게 자기의 훌륭함을 자랑하고 자기의 위대한 이름이 천하에 널리 알려진 데 우쭐대고 있었다.

그는 술을 좋아하고 또 여자를 좋아했다. 특히 달기라는 여자를 사랑해서 그녀의 말이라면 들어주지 않는 것이 없었다. ……그는 사구(沙丘)에다 큰 유원지와 별궁을 지어 두고, 많은 들짐승과 새들을 거기에 놓아길렀다. ……술로 못을 만들고 고기를 달아 숲을 만든 다음(以酒爲池 懸肉爲林) 남녀가 벌거벗고 그 사이를 서로 쫓고 쫓기고 하며 밤낮 없이 계속 술을 퍼마시고 즐겼다. 백성들의 원성이 높아지고 제후들 중에 배반하는 사람이 생겼다. 그러자 주는 형벌을 무섭게 함으로써 이를 막을 생각으로 포락지형(炮烙之刑)이란 것을 창안해 냈다는 것이다.

「주지육림」이란 말은 여기 나오는 「이주위지 현육위림(以酒爲池 懸肉爲林)」이 줄어서 된 말이다 술과 고기를 진탕 마시고 먹고 하며 멋대로 놀아나는 것을 가리켜 「주지육림」이라고 하는 것도, 여기 나오는 장면을 방불케 하는 그런 뜻으로 쓰인다고 볼 수 있다.

이와 같은 사치한 생활의 연속은 곧 국고를 바닥나게 했으며, 인심의 이탈을 불러일으켜 하왕조의 멸망을 가져오게 한 것도 필연적인 것이었다.

「은감불원 재하후지세(殷鑑不遠 在夏后之世)」즉 하의 왕 걸의 전례를 거울삼아 여자의 색향에 눈이 어두워서는 안된다, 사치일락을 삼가는 서백(西伯)을 비롯한 충의지사들의 간언을 듣기는커녕 오히려 걸왕의 행동을 몽땅 내 거울로 삼고 은의 주왕 또한 사치일락을 일삼았던 것이다.

포락지형 炮烙之刑　　통째로 구울 炮 지질 烙 갈 之 형벌 刑

「불에 달군 쇠로 단근질하는 형벌」이라는 뜻으로, 말 그대로 산 사람을 통째로 굽거나 불로 지지는 형벌로서, 잔인한 형벌을 비유하는 말이다.

어느 해, 은나라 주왕(紂王)은 유소씨(有蘇氏)의 나라를 정벌했는데, 그때 유소씨는 복종하는 표시로 달기(妲己)라는 미녀를 헌상했다. 달기가 어느 정도로 아름다웠는지는 모른다. 그저 요염한 미인으로 세상에서도 드물게 보는 독부였다고 적혀 있을 뿐이다. 어쨌든 그녀의 요염한 아름다움은 곧 주왕의 마음을 사로잡아, 그녀의 말은 그대로 주왕의 정령(政令)이 되었다.

정치는 달기의 마음을 사기 위한 도구가 되어버리고 말았다. 그 결과 주왕은 달기와의 음락(淫樂)을 유지하기 위해 새로운 세법을 계속 제정했다. 거교(鉅橋)의 창고는 징수한 미속(米粟)으로 가득 차고, 훌륭한 견마(犬馬), 진기한 보물류는 속속 궁중으로 모여들었다.

그렇지 않아도 광대한 사구(沙丘)의 이궁(離宮)은 더욱더 확대되고 수많은 조수(鳥獸)가 그 안에 놓여 길러졌다. 이런 상황 아래서 주지육림의 음락이 펼쳐진 것이다. 당연히 중세

(重稅)에 허덕이는 백성들로부터 원망하는 소리가 높았다. 그 소리를 배경으로 반기를 드는 제후도 생기게 되었다. {☞ 주지육림(酒池肉林)}

그러자 주왕은 형벌을 가중시켜 「포락지형」이라는 새로운 형벌을 제정했다. 이궁 뜰에 구리기둥이 가로놓이고, 음락의 비방자들이 그 앞으로 끌려나와 기둥을 건너라는 명령을 받는다. 그런데 이 기둥에는 미리 기름이 칠해져 있어 발이 미끄러지고 도저히 건너갈 수가 없다.

사고팔고(四苦八苦 : 온갖 고통)를 겪은 끝에 미끄러지며 떨어져 버린다. 떨어지기가 무섭게 그 밑에는 이글이글 타오르는 숯불더미가 있다. 글자 그대로 산 채로 타죽는 것이다. 이 단말마(斷末魔)의 울부짖는 소리를 듣고 주왕과 달기는 박장대소하며 즐거워했다고 한다.

그 후 서백(西伯 : 뒷날 주의 문왕)이 하찮은 일로 주왕의 노여움을 사서 유리(羑里)의 옥에 감금당한 적이 있었다. 그러나 서백의 신하인 굉요(閎夭)와 산의생(散宜生) 들이 미녀 · 귀물 · 선마(善馬) 등을 푸짐하게 헌납하여 주왕의 노여움을 풀게 하고 겨우 형벌을 면할 수가 있었다.

다시 양광(陽光)을 보게 된 서백은 그가 소유하는 낙서(洛西)의 땅을 헌상하고 하다못해 「포락지형」만이라도 폐지할 것을 주상했다. 낙서 땅의 매력으로 주왕은 그것을 허락하여 이 잔혹한 형벌은 중지되었다고 한다.

형벌에서 숯불더미(炭火)에 타죽는다고 했는데, 이 시대에 과연 현재와 같은 숯이 있었는지는 의문이다.

망개삼면 網開三面 그물 網 열 開 석 三 쪽 面

사냥 그물의 3면을 열어 짐승들이 도망 갈 수 있게 한다는 뜻으로, 관대하게 대함을 비유하는 말.

은(殷)나라 탕왕(湯王)은 매우 인자한 군주였다. 어느 날, 탕왕은 교외로 나갔다가, 그물로 새를 잡는 사람을 보게 되었다. 그 사람은 밭의 사방에 그물을 쳐놓고 이렇게 외쳤다.

"하늘의 것이건 땅의 것이건 사면팔방 천하 모든 것이 내 그물로 들어와서 나가지 못하게 하소서."

이 소리를 들은 탕왕은 그에게 말했다.

"아니, 한꺼번에 다 잡겠다니(盡之矣)!"

그리고는 새 잡는 사람에게 세 면의 그물을 거두라고 하고는 이렇게 말했다.

"왼쪽으로 가고 싶은 것이 있거든 왼쪽으로 가게 하고, 오른쪽으로 가고 싶은 것이 있거든 오른쪽으로 가게 하소서. 다만 저의 명을 따르지 않는 것만 저의 그물로 들어오게 하소서(欲左左 欲右右 不用命 乃入吾網)." 하고 축원했다(乃去其三面 祝曰).

이 일이 알려지자, 제후들을 비롯한 모든 사람들이 감탄하였다.

"탕왕의 덕은 지극하시어, 금수(禽獸)에게까지 이르다니(湯德至矣 及禽獸)!"

탕 왕

주본기(周本紀)

방 민 지 구 심 우 방 천
防民之口甚于防川 막을 防 심할 甚 어조사 于

"백성의 입을 막는 것은 냇물을 막는 것보다 어렵다."는 뜻으로, 백성에게 언론의 자유를 주어 자기 생각을 마음대로 표현할 수 있도록 해야 한다는 말이다.

서주(西周)의 여왕(厲王)은 폭정이 극심해 백성들의 원망을 샀다. 소목공(召穆公)이 여왕에게 여러 차례 간언하였으나 듣지 않았다. 여왕은 폭정을 그만두기는커녕 위(衛)나라에서 무당을 불러다 점을 쳐서 불만을 품은 자들을 색출하게 하여 처단하였다.

백성들은 공포에 눌려 아무 저항도 하지 못하였다. 여왕은 이를 두고 태평성대라고 하면서 자신에 대해 나쁘게 말하는 사람이 하나도 없다고 득의양양하였다.

이에 소목공이 간했다.

"지금은 진정한 태평성대라고 할 수 없습니다. 백성의 뭇 입을 막는 것은 냇물을 막는 것보다 어려운 일입니다(防民之口甚于防川). 냇물을 둑으로 막았다가 무너지면 상하는 사람이 많아질 것이니, 백성도 이와 마찬가지입니다. 그러므로 냇물을 지키는 자는 물이 잘 흐르도록 물길을 터주고, 백성을 위하는 자는 자유롭게 말할 수 있도록 해주어야 합니다."

그러나 여왕은 말을 듣지 않고 폭정을 계속하였다. 결국 견디다 못한 백성들이 민란을 일으켜 여왕을 왕위에서 쫓아내고 체(彘)라는 땅으로 귀향을 보냈다.

백발백중 百發百中

일백 百 쏠 發 맞을 中

총·활 같은 것이 겨눈 곳에 꼭꼭 맞음. 앞서 생각한 일들이 꼭꼭 들어맞음. 백 번 쏘아 백 번 맞히는 것이 「백발백중」이다. 또 모든 일이 계산대로 다 맞아 들어가는 것을 가리켜 백발백중이라 한다. 이 말은 신전(神箭)이란 별명을 듣고 있던 양유기(養由基)의 고사에서 나온 말이다.

"초나라에 양유기라는 사람이 있었는데, 활을 잘 쏘는 사람이었다. 버드나무 잎을 백 보 떨어진 곳에서 쏘면 백 번 쏘아 백 번 맞혔다……."

다른 기록에 보면, 양유기는 활을 잘 쏠 뿐만 아니라 막기도 또한 잘했으며, 힘도 또한 세어 화살이 소리보다 먼저 갔다고 한다.

투월초(鬪越椒)란 초나라 재상이 반란을 일으켰을 때 일이다. 외국으로 초장왕(楚莊王)이 출정나간 틈을 타서 반란을 일으킨 투월초는 장왕이 돌아오는 길을 막았다.

이리하여 양쪽은 강을 끼고 대처하게 되었다. 관군이 가장 무서워하는 것은 투월초의 뛰어난 활솜씨였다. 이때 양유기는 이름 없는 하급 장교였다. 투월초가 강 저쪽에서 활을 높이 들고, 나를 대항할 놈이 누구냐고 외쳤을 때 양유기가 나타났다.

양유기는, 많은 군사를 괴롭히지 말고 단 둘이서 활로 승부를 짓자고 제안했다. 투월초는 약간 겁이 났다. 그러나 먼저 큰소리를 친 끝이라 거절을 못하고, 각각 세 번씩 활을 쏘아 승부를 결정하는데, 자기가 먼저 쏘겠다고 했다.

먼저 쏘아 죽여 버리면 제아무리 명사수라도 무슨 소용이 있겠느냐는 생각에서였다. 그래서 먼저 투월초가 양유기를 향해 활을 쏘았다. 양유기는 처음은 활로써 오는 화살을 쳐서 떨어뜨리고, 두 번째는 몸을 옆으로 기울여 화살을 피했다.

투월초는 당황해서, "대장부가 몸을 피하다니, 비겁하지 않으냐." 하고 억지를 부렸다.

그러자 양유기는, "좋습니다. 그럼 이번은 몸을 피하지 않겠소." 하고 오는 화살 끝을 두 이빨로 물어 보였다. 그리고는 투월초에게 큰 소리로 외쳤다.

"세 번으로 약속이 되어 있지만, 나는 단 한 번만으로 승부를 결정하겠소." 하고 먼저 빈 줄을 튕겨 소리를 보냈다. 투월초는 줄이 우는 소리에 화살이 오는 줄 알고 몸을 옆으로 기울였다. 그 순간 기울이고 있는 그의 머리를 향해 총알보다 빠른 화살을 쏘아 보냈다. 이리하여 투월초는 죽고 반란은 싱겁게 끝나고 말았다.

그러나 초나라 공왕(共王)은 그가 재주만 믿고 함부로 날뛴다 해서 항상 주의를 주며 활을 함부로 쏘지 못하게 했다. 그 뒤 양유기는 결국 화살에 맞아 죽고 말았다. 나무에 잘 오르는 사람은 나무에서 떨어져 죽는다는 속담처럼.

천양관슬 穿楊貫蝨

뚫을 穿 버들 楊 꿸 貫 이 蝨

백 보 밖의 버드나무 잎을 맞힌다는 뜻으로, 명궁(名弓)을 일컫는 말이다. 천양(穿楊)과 관슬(貫蝨)의 고사가 합쳐져 이루어진 성어다.

백 번 쏘아 백 번 맞히는 것이 「백발백중」이다. 또 모든 일이 계산대로 다 맞아 들어가는 것을 가리켜 백발백중이라 한다. 이 말은 신전(神箭)이란 별명을 듣고 있던 양유기(養由基)에서 나온 말이다.

천양(穿楊)은,

"초나라에 양유기라는 사람이 있었는데, 활을 잘 쏘는 사람이었다. 버드나무 잎을 백 보 떨어진 곳에서 쏘면 백 번 쏘아 백 번 맞혔다……."

다른 기록에 보면, 양유기는 활을 잘 쏠 뿐만 아니라 막기도 또한 잘했으며, 힘도 또한 세어 화살이 소리보다 먼저 갔다고 한다.

관슬(貫蝨)은, 《열자(列子)》 탕문(湯問)편에 있는 이야기다.

옛날에 감승(甘蠅)이라는 명궁이 있었는데, 달리는 짐승이나 나는 새를 쏘아 빗맞히는 일이 없었다. 감승의 제자인 비위(飛衛)는 스승보다 활솜씨가 더 뛰어났다고 한다. 기창(紀昌)이라는 사람이 비위에게 활 쏘는 법을 가르쳐 달라고 하자, 비위는 눈을 깜빡거리지 않는 방법을 먼저 익히고 나서 다시 오라고 하였다.

기창은 집으로 돌아가 아내가 일하는 베틀 밑에 누워서 왔다 갔다 하는 북을 바라보며 눈을 깜빡거리지 않는 훈련을 하였다. 2년이 지나 송곳이 눈앞에 와도 눈을 깜빡거리지 않게 되자, 기창은 다시 비위를 찾아갔다. 비위는 아직 부족하다며, 작은 것이 크게 보이고 희미한 것이 뚜렷하게 보일 정도로 보는 훈련을 쌓은 뒤에 다시 찾아오라고 하였다. 기창은 가는 털에 이를 묶어 창문에 매달아놓고는 매일같이 바라보았다.

열흘이 지나자 이가 조금씩 크게 보이기 시작하더니 3년이 지난 뒤에는 수레바퀴만 하게 보였다. 기창은 아주 조그만 활과 화살을 만들어 이를 쏘아 꿰뚫었는데, 이를 묶어놓은 털은 그대로 매달려 있었다(貫蝨之心 而懸不絕). 기창이 다시 비위를 찾아가 사실대로 말하자, 비위는 "그대는 이미 활 쏘는 법을 터득하였다."라고 말하며 칭찬하였다. 이상의 두 개의 고사에서 유래하여 「천양관슬」은 신궁(神弓)과도 같은 뛰어난 활솜씨를 비유하는 성어로 사용된다.

白魚入舟 (백어입주)

흴 白 물고기 魚 들 入 배 舟

적이 항복함의 비유.

주(周)나라의 무왕(武王)이 은(殷)나라의 주왕(紂王)을 치려고 강을 건널 때 백어가 배 안으로 뛰어들어 은나라가 항복할 조짐을 보였다는 고사에서 나온 말이다. 백(白)은 은조(殷朝)의 빛깔, 곧 적이 항복함을 이르는 말이다.

한의 무제 때 사마상여(司馬相如)는 이미 병이 들어 벼슬을 그만두고 무릉(茂陵)의 집에서 살고 있었다.

천자가 말했다. 「사마상여의 병이 중한 모양인데, 가서 그에게 청하여 그의 책을 모두 가져오는 것이 좋겠다. 만일 그렇게 하지 않으면 뒤에 그것을 잃고 말 것이다.」

천자는 소충(所忠)에게 가도록 하였다. 그런데 상여는 이미 죽고 집에는 책이 없었다. 그의 아내에게 물으니, 이렇게 대답했다.

「장경(사마상여)은 본래부터 가지고 있는 책이 없었습니다. 때때로 글을 지어도 사람들이 가져가 집에는 책이 남아 있지 않습니다. 장경이 죽기 전에 책을 한 권 지었는데, 『혹시라도 천자의 사자가 와서 책을 찾거든 이것을 올리시오.』라고 하였을 뿐 그 밖의 다른 책은 없습니다.」

그가 남겨놓은 서찰 형태의 글은 봉선(封禪)에 관한 것이었다. 상여의 아내는 소충에게 그것을 주었고, 소충이 천자에게 바치니, 천자는 그 글을 소중하게 여겼다. 그 글은 다음과 같았다.

「……대체로 주나라에서는 무왕이 주왕(紂王)을 칠 때, 백어(白魚)가 배 안으로 뛰어올라(白魚入舟) 떨어진 것을 두고 상서로운 조짐이라고 하여 구워서 하늘에 제사 지냈습니다. 이와 같은 작은 일을 징험이라고 하여 태산에 올라가 봉선하였으니, 또한 부끄럽지 않습니까? 주나라의 지나침과 한나라의 겸양의 도리가 어찌 이렇게 다릅니까?」

진본기(秦本紀)

식마육불음주상인
食馬肉不飮酒傷人 고기 肉 마실 飮 술 酒 상할 傷

"말고기를 먹고 술을 마시지 않으면 건강을 해치게 된다."라는 뜻으로, 덕으로써 다른 사람에게 너그럽게 대하는 것을 비유하는 말이다.

말고기에는 약간의 독이 있다. 그 독을 풀기 위해서는 술을 마셔야 한다. 고기만 먹고 술을 마시지 않으면 식중독에 걸리게 된다는 뜻이다. 그것은 지금도 그렇게 알고 있는 일이다.

그런데 이 말은 이미 3천 년 가까운 옛날의 기록에 나와 있고, 그리고 이 말과 더불어 후세 사람들을 감탄케 하는 색다른 재미있는 이야기가 곁들여 있다.

오패(五覇)의 한 사람인 진 목공(秦穆公)은 마음이 착하고 너그럽고 도량이 크기로 이름 있는 임금이었다. 그는 이웃하고 있는 진 혜공(晋惠公)에게 보통 사람이 하기 어려운 호의를 베풀어 그를 임금 자리에 오를 수 있도록 군대를 후원해 주었고, 흉년이 든 해에는 식량을 빌려주어 기근을 면하게 해 주었다.

그런데 그 뒤 진(秦)나라에 흉년이 들어 빌려간 식량을 보내주었으면 하고 청을 하자, 식량을 갚아주기는커녕 흉년이 든 것을 기회로 삼아 군사를 일으켜 진(秦)나라를 치려했다. 화가 난 진 목공은 군대를 이끌고 몸소 나가 진 혜공과 한원(韓原)에서 결전을 벌이게 되었다.

양군이 다 같이 격전을 벌이는 가운데 서로 상대방 임금을 포위하게 되었다. 진 혜공이 포로가 되는가 하면 진 목공도 곧 포로가 되는 순간에 처해 있었다.

목공은 하늘을 우러러보며, "아아, 하늘도 무심하구나!" 하고 마지막 순간만을 기다리고 있는데, 뜻밖에 산비탈로 머리를 풀어헤친 반나체의 수백 명의 사람들이 칼을 휘두르며 포위해 있는 적군의 옆을 바람처럼 밀고 들어가는 게 아닌가?

이리하여 위기일발에 기적처럼 탈출할 수 있었던 진목공은, 적국의 임금을 포로로 하는 대승리를 거두게 되자, 그들을 불러 크게 상을 주고 원하는 사람에겐 벼슬까지 주겠다고 했다.

그러나 그들은 이를 거절하며, "저희들은 이미 은상(恩賞)을 받은 지 오래입니다. 다시 또 무엇을 바라겠습니까." 하는 것이었다.

"이미 은상을 받다니? 과인은 그대들을 처음 대하는 것 같은데……." 하고 목공이 의아해 하자, 그들은 일제히 소리를 높여, "저희들은 옛날 임금의 말을 훔쳐서 잡아먹고 죽을

죄를 지은 몸이었는데, 임금께서 처형은커녕 좋은 술까지 하사해 주신 도둑놈들이올시다." 하는 것이었다.

이야기는 오래 전에 있었던 일이었다. 목공이 기산(岐山)으로 사냥을 나갔을 때 어느 날 밤 마구간에 매어둔 말이 여러 마리가 없어졌다. 발자국을 밟아 산속으로 찾아 들어가자, 수백 명의 야인(野人)들이 말을 잡아 고기를 먹고 있었다.

그들은 산속에서 원시생활을 하고 있는 야만인들이었다. 군대를 풀어 모조리 잡아들이니 3백 명이 훨씬 넘었다. 군관들은 그들을 법에 의해 모두 사형에 처할 생각으로 임금에게 재가를 올렸다.

그러자 목공은, "군자는 짐승 때문에 사람을 해치지 않는 법이다. 내가 들으니 말고기를 먹고 술을 마시지 않으면 사람을 상한다고 한다는데(君子不以畜産害人 吾聞食善馬肉 不飮酒傷人)." 하고 그들에게 모두 술을 나누어주게 한 다음 곱게 돌려보내 주었다.

이때의 은혜를 잊지 못해 하던 그들은 두 나라가 싸운다는 소문을 듣고 은혜를 갚을 생각으로 급히 달려온 것이 용케도 좋은 시기에 와 닿았던 것이다.

원입골수 怨入骨髓 원한 怨 들 入 뼈 骨 골수 髓

글자 그대로 원한이 뼈 속까지 들어가 있다는 뜻으로 곧 뼈에 사무친 원한을 말한다.

춘추시대 오패(五覇)의 한 사람인 진목공은 그가 도와 패천하(覇天下)까지 하게 만들었던 진문공이 죽자, 그 기회를 틈타 멀리 정(鄭)나라를 치게 된다. 노 재상인 백리해(百里奚)와 건숙(蹇叔)의 반대를 물리치고 진(晋)나라 국경을 거쳐 감행된 일대 모험이었다.

이 소식을 전해들은 진양공은, 자기를 무시한 행동이라 하여 상복차림으로 군대를 보내 진목공의 군사가 돌아오는 길을 앞뒤로 차단하고, 이에 공격을 가함으로써 적의 군사를 한 사람도 남기지 않고 다 무찌른 다음, 적의 대장 맹명시(孟明視)와 백을병(白乙丙), 서걸술(西乞術) 등 이른바 진나라 삼수(三帥)를 사로잡아 돌아온다.

그리고 이 싸움의 총지휘자는 중군원수 선진(先軫)이었는데, 이런 큰 전과를 올리게 된 것도 다 그의 용의주도한 계획에서였다. 그런데 진문공의 부인 문영(文嬴)은 진목공의 딸로 진양공에 대해서는 어머니뻘이 되는 현철한 여자였다. 문영은 아버지 진목공의 배경에 의해 진문공의 정부인으로 시집을 오기는 했으나, 문공에게 과거에 장가든 아내와 거기서 난 자식이 있다는 것을 알자, 굳이 먼저 아내에게 자리를 양보하는 한편 그 아들까지 태자로 세우게 했다.

그렇게 해서 문공의 뒤를 이어 임금이 된 것이 바로 진양공이었다. 그러므로 양공으로서는 문영이 더없이 고마운 존재였고, 또 그만큼 우러러보는 처지이기도 했다.

이 문영은 이번 사건으로 마음이 착잡했다. 친정과 시집의 싸움 틈바구니에 낀 자신이 할 일은 뒷날의 원수를 더 깊게 하지 않는 것뿐이었다. 그래서 그녀는 포로로 잡혀온 세 장군을 어떻게든지 돌려보내고 싶었다.

그리하여 양공에게 이렇게 청했다.

"진(秦)나라 임금은 이 세 사람을 원망함이 뼛속에 사무쳤을(繆公之怨此三人入於骨髓) 테니, 이 세 사람을 돌려보내 우리 아버지로 하여금 직접 이들을 기름가마에 넣어 한을 풀게 해주세요."

진양공은 지난날의 정의를 생각해 볼 때 그런 정도의 아량은 베푸는 것이 당연할 것만 같았다. 양공은 곧 세 장수를 풀어 본국으로 돌아가게 했다. 그러나 소식을 전해들은 선진은 먹던 밥을 뱉어내고 양공에게로 달려가 사실을 확인하자, 침을 탁 뱉고 격한 나머지 임금을 철이 없다고 꾸중을 했다.

늙은 자신이 천신만고로 이룬 공을 여자의 말 한 마디로 망쳐 버린 것이 너무도 분하고 원망스러웠던 것이다. 양공은 용상에서 급히 내려와 선진에게 사과를 하고 곧 사람을 보내 그들을 다시 잡아오게 했다. 그러나 그들은 이미 대기하고 있던 자기 나라 배를 타고 강 한복판에 떠 있는 뒤였다.

선진이 예측한 대로, 진목공은 이들 세 장수를 성 밖까지 나와 환영을 하고 그들을 본래의 지위에 다시 두어 더욱 후대함으로써 마침내는 패자가 될 수 있었다. 진목공은 이 세 사람에 대한 원한이 아니라 자기 자신의 잘못에 대한 후회가 뼈에 사무치도록 깊었기 때문에 마침내 큰 뜻을 이루게 된 것이다.

烏頭白馬生角(오두백마생각) 까마귀 烏 머리 頭 말 馬 날 生 뿔 角

까마귀 머리가 희어지고 말에 뿔이 난다는 뜻으로, 있을 수 없는 일의 비유. 또 있을 수 없는 일을 실현함의 비유.

전국시대 연(燕)나라의 태자 단(丹)이 조(趙)나라에 인질로 가 있었는데, 그 때 그곳에서 출생한 진왕(秦王) 정(政 : 후일 진시황)과 가깝게 지냈다. 그 후 단은 정이 진나라 왕으로 즉위하면서 이번에는 진나라에 인질로 가게 되었다.

당시는 강력한 진(秦)을 필두로 전국 7웅이 합종(合縱)과

연횡(連衡)을 번갈아 하면서 힘의 균형을 유지하려 했기 때문에 태자가 인질로 가는 경우가 흔했다.

단은 진으로 가면서, 조나라에서 같이 어린 시절을 보낸 진왕 정을 믿었는데, 진왕은 단을 좋게 대우해 주지 않았다. 진왕의 무례에 화가 난 단은 분개하여 본국으로 돌려보내 줄 것을 강력히 요구했다. 그러자 진왕은 이렇게 말했다.

"까마귀 머리가 희어지고 말머리에 뿔이 나거든(烏頭白馬生角) 돌려보내 주지."

태자 단은 하늘을 우러러 탄식했다. 그러나 훗날 단은 진을 탈출하여 연나라로 돌아와 자객 형가를 보내 진왕을 암살하려 했으나 실패하고 단(丹) 자신도 죽음에 이르게 된다.

진목공

진시황본기(秦始皇本紀)

분서갱유
焚書坑儒 불사를 焚 책 書 구덩이 坑 선비 儒

책을 불사르고 유생(儒生)들을 산 채로 구덩이에 묻어 죽임. 상황을 고려하지 않고 발본색원하는 폭정을 비유하여 일컬음.

진시황 34년 시황은 함양궁에서 술자리를 베풀었다. 이때 군현제도를 찬양하는 복야(僕射) 주청신(周靑臣)과 봉건제도의 부활을 주장하는 박사 순우월(淳于越)이 시황 앞에서 대립된 의견을 놓고 싸웠다.

시황은 이 문제를 신하들에게 토의하게 했다. 승상 이사(李斯)는 순우월의 의견을 몹시 못마땅하게 생각했다. 진시황의 독재 뒤에는 이사의 이기적인 칼날이 언제나 빛나고 있었다.

이사는 선비들의 그런 태도는 임금의 권위를 떨어뜨리고 당파를 조성하는 결과를 가져오므로 일절 금해야 한다고 주장하고, 구체적으로 이 같은 안을 제시했다.

"사관(史官)이 맡고 있는 진나라 기록 이외의 것은 모두 태워 없앤다. 박사가 직무상 취급하고 있는 것 이외에 감히 시서(詩書)나 백가어(百家語) 들을 가지고 있는 사람은 모두 고을 수령에게 바쳐 태워 없앤다. 감히 시서를 말하는 사람이 있으면 모두 시장바닥에 끌어내다 죽인다. 옛것을 가지고 지금 것을 비난하는 사람은 일족을 모두 처형시킨다. 관리로서 이를 알고도 검거하지 않는 사람도 같은 죄로 다스린다. 금령이 내린 30일 이내에 태워 없애지 않는 사람은 이마에 먹물을 넣고 징역형에 처한다. 태워 없애지 않는 것은 의약(醫藥)·복서(卜筮)·농사(種樹)에 관한 책들이다. 만일 법령을 배우고자 할 때는 관리에게 배워야 한다."

시황은 이사의 말을 채택하여 실시케 했다. 이것이 「분서(焚書)」다. 당시의 책은 오늘날과 같이 종이에 인쇄하여 대량으로 생산하는 것이 아니고, 대쪽(竹片)에 붓으로 써 놓은 것이며, 한번 잃으면 또다시 복원할 수 없는 것도 많았다. 여하튼 인간의 문화에 대한 반역으로서 단연코 용서할 수 없는 일이다.

이듬해인 35년에는, 진시황이 불로장생을 원한 나머지 신선술을 가진 방사(方士)들을 불러 모았다. 그 중에서도 특히 우대를 한 것이 후생(侯生)과 노생(盧生)이었다. 그런데 그들은 진시황의 처사에 불안을 느꼈는지 시황을 비난하고 자취를 감추어 버렸다.

격노한 시황에게 정부를 비난하는 수상한 학자가 있다는

보고가 들어왔다. 시황은 어사를 시켜 학자들을 모조리 잡아다가 심문했다. 사실상 학자들은 비난한 일이 없지도 않은 터라, 서로 책임전가를 하며 자기만 빠지려 했다.

그 결과 법에 저촉된 사람이 460여 명이나 되었다. 이들은 모두 함양 성 안에 구덩이를 파고 묻게 했다. 널리 천하에 알려 다시는 임금이나 정부가 하는 일을 비판하는 일이 없도록 하기 위해서였다. 이것이 「갱유(坑儒)」다. 왕정의 기초를 공고히 하려는 시황제의 가법혹정(苛法酷政)은 「분서」나 「갱유」 같은 사상 드물게 보는 폭거를 저지른 것이다.

그러나 이 「분서갱유」를 대단치 않은 사건으로 보는 학자도 있다. 죽은 사람은 460명뿐이었고, 책들은 사실상 참고를 위해 몇 벌씩 정부 서고에 보관되어 있었다. 그것을 불살라 버린 것은 실상 항우였다.

지록위마
指鹿爲馬

가리킬 指 사슴 鹿 할 爲 말 馬

사슴을 가리켜 말이라 한다는 뜻으로, 윗사람을 농락하여 권세를 휘두름을 이르는 말이다.

누구나 아는 사실을 옳다거나, 아니라고 고집을 하며 남을 궁지로 몰아넣는 것을 말한다. 또 이 말이 처음 생겨나게 된 고사에 따라 윗사람을 농락하여 권세를 마구 휘두르는 방자한 행동을 가리켜 말하기도 한다.

진시황 37년 7월, 시황제는 순행 도중 사구(沙丘)의 평대(平臺)에서 죽는다. 시황은 죽기에 앞서 만리장성에 가 있는 태자 부소(扶蘇)를 급히 서울로 불러올려 장례식을 치르라는 조서를 남겼었다.

그러나 이 조서를 맡은 내시 조고(趙高)가 시황을 따라온 후궁 소생 호해(胡亥)를 설득시키고 승상 이사(李斯)를 협박하여 시황의 죽음을 비밀에 붙이고 서울 함양으로 들어오자, 거짓 조서를 발표하여 부소를 죽이고 호해를 보위에 앉힌다. 이것이 2세 황제다.

2세 황제 밑에서 순식간에 출세하여 진의 실권을 잡은 것이 조고이다. 사람들로부터 천대받는 거세자(去勢者)인 환관이었다.

호해는 즉위하자마자, "짐은 천하의 모든 쾌락을 다하면서 일생을 보내고 싶다."라고 말한 인물이다.

조고는 이 말에 만족한 웃음을 띠면서 대답했다.

"참으로 훌륭한 말씀이십니다. 그러기 위해서는 먼저 법을 엄하게 하고 형벌을 가혹하게 하여 법의 무서움을 알리는 것이 첫째입니다. 다음에는 선왕 이래의 구신(舊臣)을 모두 제거하고 폐하의 마음에 드는 새 사람을 등용하시면 그들은 폐하를 위해 분골쇄신 정치에 힘을 쓸 것입니다. 그렇게 되면 폐하께서는 마음 놓고 즐기실 수 있을 것입니다."

"옳거니, 그렇겠구려." 하고 호해는 대답했다.

이렇게 해서 조고는 라이벌 이사를 죽이고 선제 이래의 대신, 장군, 그리고 왕자까지도 살육하고 승상자리에 올라 실권을 잡았다. 그리하여 마침내는 호해를 폐하고 제위에까지 오르려는 음모를 꾸몄다.

그러나 그렇게 하려면, 궁정에 있는 자들이 아직도 호해를 따르고 있는지, 아니면 자기를 따르고 있는지 확인을 해볼 필요가 있었다.

그리고 만약 자기를 따르지 않으면 좋지 않다는 것을 보일 필요가 있었다. 이 목적을 위해 조고는 실로 괴상야릇한 시위 방법을 생각해 낸 것이다.

"이것이 말이옵니다." 라고 했다. 그러자 2세는 웃으며,

"승상이 실수를 하는구려. 사슴을 보고 말이라고 하니."

"아닙니다. 말이옵니다."

2세는 좌우에 있는 시신들에게 물었다. 어떤 사람은 잠자코 있고, 어떤 사람은 조고의 편을 들어 말이라고 하고, 혹은 정직하게 사슴이라고 대답하기도 했다.

그러자 조고는 사슴이라고 말한 사람은 모조리 법률로 얽어 감옥에 넣고 말았다. 그 뒤로 모든 신하들은 조고가 무서워 그가 하는 일에 다른 의견을 말하지 못했다는 것이다.

그러나 이때는 이미 온 천하가 반란 속에 물 끓듯 하고 있을 때였다. 조고는 2세를 더는 숨길 수 없게 되자, 그를 죽이고 부소의 아들 자영(子嬰)을 임시 황제 자리에 앉혔다. 그러나 조고는 자영에게 죽고 만다.

불에 싸인 집안에서 권력다툼을 하는 소인의 좁은 생각은 그것이 남을 해칠 뿐만 아니라 자신을 해치는 것인 줄을 알리가 없었다. 이래서 억지소리로 남을 몰아세우는 것을 「지록위마」라고 하게 된 것이다.

진시황

항우본기(項羽本紀)

서 족 이 기 성 명
書足以記姓名 글 書 족할 足 써 以 쓸 記 성 姓 이름 名

항우가 어릴 때 했다는 말로 "지식보다는 행동이다."라는 뜻으로 쓰인다. 학식만을 내세움을 비웃음.

《사기》 항우본기 첫머리에 이렇게 나와 있다.

"항적(項籍)이란 사람은 하상(下相) 사람으로 자(字)를 우(羽)라고 했다. 처음 일어났을 때 나이 스물넷이었다. 그의 작은 아버지는 항량(項梁)인데, 양의 아버지는 바로 초나라 장군 항연(項燕)으로, 진나라 장군 왕전(王翦)에게 죽임을 당한 사람이다……."

항적은 어릴 때 글을 배우다가 이루지 못하고 그만두었는데, 칼을 배우다가 또 이루지 못했다. 항양이 화를 내며 그를 꾸짖자, 항적은 이렇게 말했다.

"글은 성명만 기록하면 족하고, 칼은 한 사람을 대적하는 것이니, 배울 만한 것이 못됩니다. 만 사람을 대적하는 것을 배우겠습니다(書足以記姓名而已 劍一人敵 不足學 學萬人敵)."

그래서 항양은 그에게 병법을 가르쳤다. 항적은 대단히 기뻐했으나 대강 그 뜻을 알고는 역시 끝까지 배우려 하지 않았다.

이상이 〈항우본기〉의 서두에 나와 있는 기록이다. 항우는 어느 의미에서 「돌대가리」였던 것 같다. 그가 천하를 한때 휩쓸고 뒤흔들게 된 것은 단순히 그의 백절불굴의 투지와 힘과 용맹 때문이었다. 그에게는 글이 사실상 필요 없었고, 칼도 특별한 기술이 필요치 않았다. 병법도 남을 속이는 교묘한 작전 같은 것은 그에게 필요치 않았다.

그는 자기가 한 말처럼 산을 뽑을 만한 힘을 지니고 있었다. 그는 보통 사람이 하나만 입어도 귀찮은 갑옷을 일곱 겹이나 껴입었고, 다른 장수들이 고작 30근 철퇴를 드는 정도였는데, 그는 3백 근 철퇴를 나무지팡이 휘두르듯 했다.

천리마를 타고 달리는 그의 철퇴에서는 칼도 창도 아무 소용이 없었고, 그의 7층 갑옷에는 아무리 강한 화살도 쓸모가 없었다. 그는 마치 탱크와도 같은 인간이었다. 그러나 그런 그도 결국에 가서는 해하(垓下)에서 패하고 오강(烏江)에서 자살을 함으로써 31세라는 꽃다운 청춘을 장렬하고 처참한 비극으로 끝내고 만다. 역시 글을 읽지 못하고 병법을 배우지 못한 탓이 아니었을는지.

취 이 대 지
取而代之　　가질 取 말이을 而 대신할 代 갈 之

"취하여 그것을 대신하다." 라는 뜻으로, 어떤 사물로 다른 사물을 대체하거나, 남의 지위나 직무를 빼앗아 자신이 대신하는 것을 비유하는 말이다.

진(秦)나라 때, 초(楚)나라의 귀족이었던 항량은 조카 항우(項羽)가 학문을 하거나 무술을 연마해 주기 바랐다. 하지만 항우는 숙부인 항량에게 이렇게 말하곤 했다.

"글은 자기 이름 쓸 줄 아는 것으로 족하고, 검술은 한 사람을 대적하는 것이어서 배울 만한 것이 못됩니다. 저는 만 사람을 대적하는 것을 배우겠습니다(書足以記姓名而已 劍一人敵 不足學 學萬人敵)."

항우가 20세 되던 해, 숙부 항량은 사람을 죽이고 오중(吳中)으로 피신하였다. 당시 진시황은 6국을 통일하고 자신의 위업을 과시하기 위해 전국을 순시하고 있었다. 항량과 항우가 오중에 있던 그 해, 마침 진시황도 그곳에 오게 되었다.

사람들 속에 끼어 진시황의 행렬을 지켜보던 항우가 항량에게 말했다.

"저 사람의 자리를 제가 대신할 겁니다(彼可取而代也)."

항량은 깜짝 놀라 항우의 입을 틀어막으며 꾸짖었다.

"경망된 소리 하지 마라. 삼족이 멸족 당하게 된다!"

그러나 속으로는 항우가 범상치 않다고 생각하였다.

남의 지위나 직무를 빼앗아 자신이 대신하거나, 이를 일반화하여 어떤 사물로 다른 사물을 대체하는 것을 비유하는 성어로 사용된다.

先則制人(선즉제인)

먼저 先 곧 則 마를 制 사람 人

선수를 치면 남을 누를 수 있게 된다는 것이 「선즉제인」이다.

진시황이 죽고 무능한 2세가 천자로 들어앉자, 진승(陳勝)이 맨 먼저 반기를 들고 일어났고, 뒤이어 각지에서 유명무명의 영웅호걸들이 앞 다투어 반란을 일으켰다.

이때 항우의 작은 아버지인 항양(項梁)은 항우와 함께 회계(會稽)에 와 있었는데, 회계태수로 와 있던 은통(殷通)이 항양을 보고 이렇게 말했다.

"이제 강서(江西)가 온통 반기를 들고 일어섰으니 이것은 아마 하늘이 진나라를 망하게 할 시기인 것 같습니다. 내가 들으니, '먼저 하면 곧 남을 누르고 뒤에 하면 남의 눌리는 바가 된다(先卽制人 後卽爲人所制)' 고 했는데, 나도 군사를 일으켜 공과 환초(桓楚)로 장군을 삼을까 합니다."

은통은 시기를 놓치지 않기 위하여 초의 귀족이며, 병법에도 능한 실력자인 항양을 이용하려는 속셈이었다. 그러나 그렇게 쉽게는 되지 않았다. 이때 환초는 도망쳐 다른 곳에 가 있었다.

항양은 딴 생각을 품고 은통에게, "환초가 숨어 있는 곳을 아는 사람은 적(籍 : 항우의 이름)밖에 없습니다."

이렇게 말한 다음 일어나 밖으로 나가 항우에게 귓속말로 무어라 타이르고 칼을 준비하여 밖에서 기다리게 했다.

다시 들어온 항양은 태수와 마주앉아, "적(籍)을 불러 태수의 명령을 받아 환초를 불러오도록 하시지요." 하고 청했다. 태수가 그러라고 하자 항양은 항우를 데리고 들어왔다.

잠시 후 항양은 항우에게 눈짓을 하며, "그렇게 해라." 하고 일렀다.

순간 항우는 칼을 빼들고 은통의 목을 쳤다.

이리하여 항양은 자신이 스스로 회계태수가 되고 항우를 비장(裨將)으로 하여 정병(精兵) 8천을 뽑아 강을 건너 진나라로 향하게 되었던 것이다. 결국 선수를 써야만 남을 누른다고 가르쳐 준 은통의 말을 실제로 실천한 사람은 은통이 아니라, 항양과 항우였던 것이다.

바둑 격언에 돌을 버리고 선수를 다투라(棄子爭先)라는 말이 있는데, 전쟁이고 사업이고 간에 경쟁자가 있을 때는 선수를 쓰는 것이 결정적인 승패의 계기가 될 수 있다.

이것은 《사기》 항우본기에 실려 있는데, 《한서》 항적전에는 "선발(先發)하면 사람을 제압하고, 후발하면 사람에게 제압당한다."라고 나와 있으며, 이것은 은통의 말이 아니라 항양의 말이라고 기록되어 있다.

《수서(隋書)》 이밀전(李密傳)에는 "신발하면 사람을 제압한다. 이 기회를 놓쳐서는 안된다."라는 구절이 있다.

삼호망진 三戶亡秦

석 三 지게 戶 망할 亡 진나라 秦

"세 가구의 집이 진(秦)나라를 멸망시킨다."는 뜻으로, 잠시 역경에 처해 있어도 결국에는 반드시 승리한다는 말로, 작은 일도 중첩되면 결국 견고한 물건이나 터전도 무너진다는 말이다.

진(秦)나라 말년 진승(陳勝)과 오광(吳廣)의 민란이 일어나자, 항량(項梁)과 그의 조카 항우(項羽)도 강동에서 장정 8천여 명을 모아 봉기한 다음 서쪽으로 진군하려 하였다.

이때 진승의 부대는 진나라 군대에 의해 막 격퇴당하고 그의 부하 소평이라는 사람은 진승의 명령을 빙자하여 항량을 상주국(上柱國)에 임명한 다음 곧 서진할 것을 재촉하였다.

이에 항량은 서진 길에서 진영, 경포, 진가 등의 여러 부대들을 포섭하여 강대한 세력으로 군림하게 되었다. 얼마 후 진승이 희생되었다는 확실한 소식이 들어오자, 항량은 봉기군 장수들을 모아놓고 대사를 논의하게 되었다. 이때 범증(范增)이라는 70여 세나 먹은 늙은 사람이 항량에게 말했다.

“진나라가 전국칠웅(戰國七雄)을 섬멸하는 중에 가장 억울했던 것은 초나라였다. 초 회왕은 진나라에 들어갔다가 억류되어 거기서 죽었는데, 초나라 사람들은 지금도 초회왕(楚懷王)을 그리워하고 있다 그래서 초의 남공은, ‘초나라에 세 가구의 인가만 남는 한이 있더라도 초나라는 기필코 진나라를 멸망시키고 말 것이다(楚雖三戶 亡秦必楚也)’ 라고 한 것이다. 진승이 실패한 것은 바로 초왕의 후예를 왕으로 세우지 않았기 때문인즉 장군은 반드시 초왕의 후예로 왕을 세워야 한다.”

항량은 범증의 권고대로 초회왕의 손자 심을 세워 왕으로 삼고 여전히 초회왕이라 부르면서 이를 빌미로 여러 반란군 장병들과 백성들의 지지를 받게 되었다고 한다.

「삼호망진」은 바로 이 범증의 이야기에서 유래했다.

破釜沈船 (파부침선)

깨뜨릴 破 솥 釜 잠길 沈 배 船

결전에 임하는 각오.

밥 지을 솥을 깨뜨리고 돌아갈 때 타고 갈 배를 가라앉힌다는 뜻으로, 살아 돌아오기를 기약하지 않고 결사적 각오로 싸우겠다는 굳은 결의를 비유하는 말.

진(秦)나라 말기, 영웅들이 건곤일척(乾坤一擲)의 기개로 천하를 다툴 때의 이야기다. 무리한 진나라의 통일정책과 만리장성 쌓기 등 토목공사 등으로 백성들의 부담이 가중되면서 민심이 동요하기 시작하자, 진의 시황제 말년 극단적인 탄압정책이 시작되었다.

불로장생의 꿈을 이루지 못하고 50세의 나이로 시황제가 사망하자, 진시황의 폭정을 견디다 못한 백성들은 마침내 이를 계기로 여기저기서 들고 일어나기 시작했다. 이에 진나라는 장군 장한(章邯)을 보내 항량(項梁)을 정도(定陶)에서 진압했다.

장한은 승세를 타고 조왕(趙王)을 크게 격파하고 거록을 포위하였다. 그러자 이에 맞서 항량의 조카 항우는 영포(英布)를 보내 막게 했지만 역부족이었다. 다급해진 조왕의 대장 진여(陳餘)가 항우에게 구원병을 요청하기에 이르렀다. 이에 항우는 직접 출병하기로 했다.

항우의 군대가 막 장하를 건넜을 때였다.

항우는 갑자기 타고 왔던 배를 부수어 침몰시키라고 명령을 내리고, 뒤이어 싣고 온 솥마저도 깨뜨려 버리고(破釜沈船) 주위의 집들도 모두 불태워버리도록 했다. 그리고 병사들에게는 3일 분의 식량을 나누어 주도록 했다. 이제 돌아갈 배도 없고 밥을 지어 먹을 솥마저 없었으므로 병사들은 결사적으로 싸우는 수밖에 달리 도리가 없었다.

과연 병사들은 출진하라는 명령이 떨어지기가 무섭게 적진을 향해 돌진하였다. 이렇게 아홉 번을 싸우는 동안 진나라의 주력부대는 궤멸되고, 이를 계기로 항우는 제장(諸將)의 맹주가 되었다.

비슷한 성어로 「배수진(背水陣)」이 있다.

項莊舞劍 意在沛公
(항장무검 의재패공)

목 項 풀 성할 莊 춤 춤출 舞 칼 劍 늪 沛

항장이 검을 뽑아들고 춤을 추는데, 그의 의도는 오직 패공을 해치려는데 있다.

항장이 칼춤을 춘다는 뜻으로, 일을 하는 데 실제 목적은 다른 곳에 숨겨져 있음을 비유하는 말.

항장(項莊)은 초패왕 항우(項羽)의 사촌이다.

한(漢)나라 유방이 진나라 수도 함양을 공략해 진왕 자영의 투항을 받아내자, 40만 대군을 이끌고 뒤늦게 도착한 항우는 몹시 분개한다. 당시 유방의 군대는 10만 명도 채 안 돼 스스로 힘이 모자람을 자인하고 있었던 터였다.

이때 유방의 모사 장량의 절친한 친구이자 항우의 숙부인 항백은 항우가 지금 유방을 칠 준비를 하고 있다고 장량에게 일러준다.

유방은 장량(張良)의 계책을 받아들여 장량과 함께 직접 홍문(鴻門), 즉 지금의 섬서성 임동현 동쪽까지 가 항우를 만나 공손히 화해의 뜻을 전하고 충성을 표한다. 항우는 이를 진정으로 믿고 연회를 베풀어 유방을 환대한다.

연회에서 항우의 모사 범증은 몇 번이나 항우에게 유방을 죽일 것을 암시하지만 항우는 이를 허락지 않는다. 이에 범증은 항우의 사촌동생 항장을 시켜 칼춤을 추다가 기회를 봐 유방을 죽이도록 한다.

그러자 항우의 계부 항백도 칼을 빼들고 춤을 추는 척하며 유방을 엄호한다. 이때, 장량이 군문(軍門)에 갔다가 번쾌(樊噲)를 만났다.

번쾌가 물었다.

"오늘 일이 어떻습니까?."

장량이 말했다.

"심히 위급한 상황이다. 지금 항장이 검을 뽑아들고 춤을 추는데, 그의 의도는 오직 패공을 해치려는데 있다(今者項莊拔舞劍 其意常在沛公也)."

유방은 맹장 번쾌가 보검과 방패를 들고 나타난 뒤에야 겨우 몸을 빼어 달아날 수 있었다.

「항장무검(項莊舞劍)」은 이 고사에서 알 수 있듯, 일을 하는 데 속셈은 다른 데 있음을 비유하는 말이다.

두주불사 斗酒不辭 말 斗 술 酒 아닐 不 사양할 辭

말술을 사양하지 않는다는 말로, 주량이 세다는 말.

《사기》 항우본기에 있는 이야기다.

진(秦)나라 말, 초왕(楚王) 항우(項羽)와 패공(沛公) 유방(劉邦)은 진의 수도 함양을 향해 각기 하북과 하남에서 진격하였다. 함양을 먼저 점령한 사람이 관중의 왕이 된다는 약속이 있었던 것이다.

함양을 먼저 점령한 것은 유방이었다. 그러나 군사력이 항우에 미치지 못하는 유방은 함양의 모든 재물과 궁궐을 그대로 둔 채 패상(霸上)으로 물러나 진을 쳤다.

한편 유방이 먼저 함양을 점령했다는 소식을 들은 항우는 노하여, 유방군이 지키는 함곡관을 깨뜨리고 들어와 신풍(新豐)의 홍문 산자락에 포진하였다. 이때 군사(軍師) 범증(范增)이 항우에게 권했다.

"유방이 산동에 있을 때는 재물을 탐내고 계집을 좋아했습니다. 그러나 함곡관에 들어온 이후로는 재물을 취하지도 않고 여자도 가까이하지 않고 있습니다. 이는 그의 뜻이 결코 작지 않다는 증거입니다. 속히 공격하여 때를 놓치는 일이 없도록 하십시오."

항우의 숙부로, 일찍이 죄를 졌는데, 장량이 구해준 인연으로 유방의 휘하로 들어온 항백(項伯)을 통해 이러한 항우 군의 움직임을 알아챈 유방은 근위병만을 대동하고 항우에게 사과의 방문을 하였다.

이렇게 하여 열린 모임이 유명한 홍문연(鴻門宴)이다. 연회가 한창 무르익을 무렵, 미리 범증의 지시를 받은 항장(項莊)이 흥취를 돋운다는 구실로 검무를 추기 시작하자, 항백이 급히 칼을 뽑아들고 춤판에 끼어들었다.

이를 지켜보던 유방의 책사 장량(張良)은 급히 군문을 뛰쳐나와 번쾌(樊噲)를 찾았다.

"지금 항장이 칼을 빼서 춤을 추는데, 패공을 노리고 있다!"

이 말을 들은 번쾌는 제지하는 수위장교들을 한 팔로 밀어붙이고 장막을 들고 안으로 들어가 찢어진 눈으로 항우를 노려보았다. 항우는 칼을 잡고 벌떡 일어나 물었다.

"이 자는 누구인가?."

"패공을 시위하는 장수입니다." 하고 장량이 대답하자, 항우는 번쾌의 기상을 가상히 여겨 말했다.

"이 자는 장사로구나. 술을 한잔 주어라!"

큰 잔에 술을 부어주자, 번쾌는 감사의 예를 표한 후 단숨에 들이켰다. 그리고는 칼을 뽑아 익히지 않은 돼지다리를 썰어 그대로 먹어치웠다. 이를 본 항우가 말했다.

"장사로다. 더 마실 수 있겠는가?." 하고 묻자, 번쾌가 대답했다.

"죽음도 사양하지 않을진대. 고작 술 한 잔쯤을 사양하리까(卮酒安足辭)."

「치주안족사(卮酒安足辭)」라는 말에서 「두주불사」란 말이 생겨난 것으로, 본래 장수들의 기개를 표현하던 것이었으나, 뜻이 변하여 주량이 센 사람을 가리키는 말로 쓰이게 되었다.

竪子不足與謀 (수자부족여모)

아이 竪 족할 足 더불 與 도모할 謀

사람됨이 모자란 자와는 의논할 일이 아니다.

수자(竪子)는 어린아이를 말한다. 부족여모(不足與謀)는 함께 일을 할 수 없다는 뜻이다. 나이가 어리고 경험이 부족한 사람과는 함께 큰일을 할 수 없다는 것이 「수자부족여모」다.

이것은 화가 난 범증(范增)이 항우를 보고 한 소리였는데, 같이 일을 하다가 상대가 시킨 대로 하지 않고 제 주장만 내세워 일을 망치거나 했을 때 흔히 쓰는 문자다. 예를 들어 고참 중역이 창설자의 뒤를 이은 애송이 경영주를 보고 할 수 있는 소리다.

항우와 패공(沛公) 유방은 각각 다른 길로 진나라로 쳐들어가서 패공이 먼저 진나라 수도 함양을 점령하고, 항우는 그 한 달 뒤에 제후들의 군사를 거느리고 함곡관에 이르게 되었다.

패공이 먼저 진나라를 평정했다는 말을 듣자 항우는 함곡관을 깨뜨리고 들어가 홍문(鴻門)에 진을 치게 된다. 이때 항우의 군사는 40만이었고, 패상(覇上)에 진을 친 패공의 군사는 10만이었다. 항우는 먼저 진나라를 평정한 패공을 시기한 나머지 그를 쳐 없앨 생각이었다.

이 소식을 전해들은 패공의 모사 장량(張良)이 소식을 전해

준 항우의 숙부 항백(項伯)을 통해 패공과 항우와의 사이를 좋게 만들려 했다.

단순한 항우는 항백의 권고에 의해 곧 이를 승낙하고 패공은 홍문으로 찾아가 사과를 하게 된다. 항우는 패공을 맞아 술자리를 베풀게 되는데, 이것이 중국의 연극 같은 데 곧잘 나오는 홍문연(鴻門宴) 잔치라는 것이다.

전날 범증은 항우에게, 패공을 죽여 없애지 않는 한 천하는 누구의 것이 될지 모른다고 그를 죽이도록 권고해 두었다.

이 날 술자리에서도 범증은 패공을 죽이라고 허리에 차고 있는 구슬을 들어 세 번이나 신호를 보냈다. 항우는 패공이 겸손하게 사과를 해오는 바람에 죽일 생각은 조금도 없었다. 그는 범증이 신호를 보낼 때마다 눈을 내리감고 못 본 체했다. 조급해진 범증은 항장(項莊)을 시켜 칼춤을 추다가 패공을 쳐 죽이라고 시킨다.

그러나 같이 칼춤을 추는 항백이 항장을 가로막아 뜻을 이루지 못하게 된다. 이때 번쾌(樊噲)가 장량의 부탁을 받고 달려 들어와 항우와 극적인 대화를 주고받게 되고, 그 틈에 패공은 짐짓 소피를 보러 가는 척하며 도망치고 말았다.

패공은 술을 이기지 못해 도중에 자리를 뜨게 된 것을 장량을 통해 항우에게 사과를 하고 구슬 한 쌍을 항우에게 선물로 바치고, 옥으로 만든 술잔 한 쌍을 범증에게 선물로 주었다. 항우는 구슬을 받아 자리에 놓았다.

그러나 범증은 잔을 받아 땅에 놓더니 칼을 뽑아 쳐 깨뜨리며, "에잇, 어린 것과는 일을 같이 할 수 없다. 항왕의 천하를 앗을 사람은 반드시 패공이다. 우리 무리들은 이제 그의 포로가 되고 말 것이다(唉 豎子不足與謀 奪項王天下者 必沛公也 吾屬今爲之虜矣)." 라고 말하며 한탄했다.

「수자부족여모」는 항우를 나무랐다는 설과 항장을 나무랐다는 두 가지 설이 있으나, 여기서는 따지지 않기로 하겠다.

錦衣夜行 (금의야행)

비단 錦 옷 衣 밤 夜 다닐 行

아무리 내가 잘해도 남이 알아주지 않는다는 뜻.

원래는 「의금야행(衣錦夜行)」이었는데, 「금의환향(錦衣還鄕)」의 경우와 마찬가지로 「의금」이 「금의」로 변한 것이다. 이 말은 항우가 한 말로 정사(正史)에도 나와 있다.

항우가 홍문(鴻門) 잔치에서 유방을 죽이려다 시기를 놓치고는, 며칠이 지나 서쪽으로 향해 진나라 수도 함양을 무찔렀다.

그러나 실은 유방이 이미 항복을 받은 뒤였으므로 단지 입성을 한 데 불과했다. 젊은 패기만으로 모든 일을 처리하고 있던 항우는, 유방이 백성의 마음을 사기 위해 손도 대지 않고 고스란히 남겨 두었던 진나라의 궁전들을 모조리 불사르고, 이미 항복하고 연금 상태에 있는 진왕(秦王) 자영(子嬰)을 끌어내 죽였다.

유명한 아방궁은 불길이 석 달이 지나도록 계속되었고, 그 밖의 모든 볼 만한 집들도 모두 불에 타 없어졌다. 항우는 그의 할아버지 항연(項燕)이 옛날에 진시황에 의해 죽었다는 사실을 생각하고 복수의 일념에서 이 같은 도에 지나친 짓을 했던 것이다.

항우는 진나라 창고에 쌓인 금은보화와 어여쁜 여인들을 모조리 싣고 불타버린 함양을 떠나 다시 동쪽으로 향했다.

이 때 한생(韓生)이란 사람이 항우에게,

"관중(關中 : 秦나라 땅)은 험한 산천이 사방을 막아 있고 땅이 비옥하기 때문에 여기에 도읍을 정하면 천하를 휘어잡을 수 있습니다." 하고 권했다. 그러나 항우의 눈에 비친 함양은 불타버린 궁전, 마구 파괴된 황량하고 을씨년스런 도시에 불과했다. 그보다는 하루빨리 고향으로 돌아가 자기의 성공을 과시하고 싶었다.

항우는 동쪽 하늘을 바라보며 이렇게 말했다.

"부귀를 하고 고향에 돌아가지 않으면 비단옷을 입고 밤길을 가는 것과 같다. 누가 알아줄 사람이 있겠는가(富貴不歸故鄕 如衣繡夜行 誰知之者)."

아무리 입신출세를 해도 고향으로 돌아가지 않으면 이 모양을 고구(故舊)에게 알릴 수가 없다. 그렇게 생각하고 항우는 간언을 듣지 않았다. 한생은 항우의 면전에서 물러나자 사람들에게 말했다.

"원숭이를 목욕시켜 관을 씌운 꼴이군(沐猴而冠)." {원숭이는 관이나 띠를 둘러도 오래 참지 못하는 점에서 초나라 사람의 성질이 광조(狂躁)하고 조포(粗暴)한 것에 비유하는 것.}

이 말이 항우의 귀에 들어가 한생은 즉석에서 끓는 물에 삶겨 죽음을 당하고 말았다.

여기는 의수야행(衣繡夜行)으로 되어 있는데, 《한서》에는 의금야행(衣錦夜行)으로 되어 있다.

항우가 얼마나 단순한 감정의 사나이였는가 하는 것을 알 수 있다. 스물네 살에 맨주먹으로 들고 일어난 그가 3년 만에 천하의 패권을 잡았으니 고향에 돌아가 한번 크게 뽐내 보고도 싶었을 것은 당연한 일이다.

그런데 야사(野史)에는 관중에 머물러 있는 항우를 멀리 동쪽으로 떠나보내기 위해, 장량(張良)이 이 같은 말을 동요로 만들어 항우의 귀에 들어가게 함으로써 항우의 마음을 흔들어 놓았다고 전해 내려온다.

목후이관 沐猴而冠 목욕 沐 원숭이 猴 어조사 而 갓 冠

목욕한 원숭이가 관을 썼다는 뜻으로, 의관은 그럴 듯하지만 생각과 행동이 사람답지 못하다는 말.

홍문연(鴻門宴)의 회합으로 유방으로부터 진(秦)의 수도 함양을 넘겨받은 항우는 약탈과 방화를 자행하여 함양을 폐허로 만들었다.

함양이 폐허로 변하자, 금의환향(錦衣還鄕)하여 자기의 성공을 고향에서 뽐내기도 할 겸 해서 초(楚)의 팽성(彭城)으로 천도를 서둘렀다.

"부귀한 뒤에 고향에 돌아가지 않는 것은 비단옷을 입고 밤길을 가는 것과 같다(衣錦夜行)." 는 생각에서였다.

함양은 주(周)와 진(秦)이 일어났던 패업의 땅으로, 관중(關中)이라고도 불리는 천혜의 요지이다. 그럼에도 항우가 천도를 고집하자, 간의대부(諫議大夫) 한생(韓生)이 이를 간하였다.

"관중은 예부터 천혜의 요지로 패업의 땅이었고, 토지 또한 비옥합니다. 여기에 도읍을 정하고 천하의 왕이 되십시오. 지난번 범승상(范丞相 : 범증)께서 떠날 때도 결코 함양을 버리지 말라고 하지 않았습니까?"

하지만 이 말을 들은 항우는 화를 벌컥 내면서 한생의 말을 막았다. 한생은 크게 탄식하며 물러나서는 혼잣말로 중얼거렸다.

"과연 목욕한 원숭이가 관을 쓴 꼴이군(人言楚人沐猴而冠耳 果然)."

그런데 이 말을 그만 항우가 듣고 말았다. 항우가 옆에 있던 진평에게 그 뜻을 묻자, 진평이 대답했다.

"폐하를 비방하는 말이온데, 세 가지 뜻이 있습니다. 원숭이는 관을 써도 사람이 되지 못한다는 것과, 원숭이는 꾸준하지 못해 관을 쓰면 조바심을 낸다는 것, 그리고 원숭이는 사람이 아니므로 만지작거리다가 의관을 찢고 만다는 뜻입니다."

이 말을 듣고 격분한 항우는 한생을 붙잡아 끓는 가마솥에 던져 죽였다. 한생이 죽으면서 말했다.

"나는 간언하다가 죽게 되었다. 그러나 두고 보아라. 백일 이내에 한왕(漢王)이 그대를 멸하리라. 역시 초나라 사람들은 원숭이와 같아 관을 씌워도 소용이 없구나."

결국 천도(遷都)를 감행한 항우는 관중을 유방에게 빼앗기고 마침내는 해하(垓下)에서 「사면초가(四面楚歌)」 속에 목숨을 끊고 말았다.

금의환향 錦衣還鄉 비단 錦 옷 衣 돌아갈 還 고향 鄉

「금의(錦衣)」는 화려하게 수놓은 비단옷이다. 옛날에는 왕이나 고관들이 입는 옷으로 출세의 상징이었다. 반면 평민들은 베옷을 입었는데, 이것은 「포의(布衣)」라 하였다. 즉, 비단옷을 입고 고향에 돌아간다는 뜻으로, 출세하여 고향을 찾음을 뜻한다.

초(楚)와 한(漢)이 천하를 놓고 싸움이 한창일 때의 이야기다. 유방이 먼저 진(秦)나라의 도읍 함양(咸陽)을 차지하자, 화가 난 항우가 대군을 몰고 홍문(鴻門)까지 진격하였다.

이때 유방은 장량(張良)과 범증(范增)의 건의로 순순히 항우에게 함양을 양보하였다.

함양에 입성한 항우는 유방과는 대조적으로 아방궁을 불태우는가 하면 궁중의 금은보화를 마구 약탈하고 궁녀들을 겁탈했으며, 시황제의 묘까지 파헤쳤다. 항우는 스스로 망쳐 놓은 함양이 마음에 들지 않아 고향인 팽성(彭城)에 도읍을 정하려 하였다.

신하들은 항우가 예로부터 패왕(霸王)의 땅이었던 함양을 버리고 보잘것없는 팽성으로 도읍을 옮기겠다고 하자 모두 할 말을 잃었다. 이때 간의대부(諫議大夫) 한생(韓生)이 간언했지만, 항우는 오히려 화를 내면서 이렇게 말했다.

"지금 길거리에서 '부귀하여 고향에 돌아가지 못하면 비단옷을 입고 밤길을 가는(錦衣夜行) 것과 무엇이 다르리!'라는 노래가 떠돌고 있다고 하더군. 이건 바로 나를 두고 하는 말이야. 그러니 어서 길일(吉日)을 백하여 천도하도록 하라."

그래도 한생이 간언을 그치지 않자, 항우는 그를 끓는 기름 가마에 던져 넣어 죽이고 말았다. 하지만 이 노래는 항우가 천하의 요새인 함양에 있는 한 유방이 승리할 수 없으므로 항우를 함양에서 내쫓기 위해 장량이 퍼뜨린 것이었다.

그렇지 않아도 함양을 싫어했던 항우는 그 노래가 하늘의 뜻이라고 판단하여 마침내 팽성으로 천도하게 되었다.

결국 항우는 함양을 차지한 유방에게 해하(垓下)에서 크게 패함으로써 천하를 넘겨주고 만다.

「금의환향」으로 자신의 공덕을 고향사람들에게 널리 알리기는 하였지만, 천하를 잃고 만 셈이다.

걸해골 乞骸骨 빌 乞 뼈 骸 뼈 骨

임금에게 신하가 사직을 주청함.

옛날 관료는 관직에 임명되면 자신의 몸을 임금에게 바친 것으로 여겼다. 때문에 사직을 원하거나 은퇴하고자 할 때 이를 주청하는 것을 일러, "해골을 돌려달라(乞骸骨)" 고 하여 늙은 관리가 사직을 원할 때 주로 쓰게 되었다.

한왕 유방은 천하를 통일하는 데 많은 고초를 겪어야 했다. 뭐니 뭐니 해도 초의 항우는 강적이었다. 몇 차례나 궁지에 몰렸던 적이 있었다.

한나라 3년(BC 204년)의 일이었다. 한왕은 영양(滎陽)에 진을 치고 항우와 대항하고 있었다. 지난해에 북상하는 초나라 군대를 이곳에서 방어한 후 한왕은 지구전을 꾀하기로 했다.

그렇게 하기 위해서는 무엇보다도 중요한 식량을 확보해 두어야 한다. 그래서 수송로를 만드는 데 심혈을 기울여 우선 길 양쪽을 담으로 둘러쌓고, 그 길을 황하로 잇게 하여 영양의 서북쪽 강기슭에 있는 쌀 창고에서 운반해 오도록 했다.

그러나 이 수송로는 항우의 공격 목표가 되어 한왕 3년에는 몇 번이나 습격을 당해 강탈되었다. 한군은 식량이 부족해서 중대한 위기에 빠져 한왕은 하는 수 없이 강화하기를 청하여 영양 서쪽을 한나라의 땅으로 인정해 주기를 원했다.

항우도 이 정도에서 화목하고 싶다고 생각하고, 그 뜻을 아부(亞父)로 모시고 있는 범증(范增)에게 의논했다.

그러나 범증은 반대했다.

"그건 안되오. 지금이야말로 한나라를 휘어잡을 때인데, 여기서 유방을 없애지 않으면 반드시 후회하게 될 거요."

반대에 부딪친 항우는 마음이 변해 갑자기 영양을 포위하고 말았다. 난처해진 것은 한왕이었다. 그러나 그 때 진평(陳平)이라는 인물이 계책을 냈다. 진평은 전에 항우의 신하였으나 유방에게로 온 사람으로 지략이 뛰어났다.

그는 항우의 급한 성미와 지레짐작을 잘하는 기질을 몸소 겪은 바 있기 때문에 항우와 범증 사이를 갈라놓으면 된다고 생각했다. 우선 부하를 보내 초나라 군사 속에서, "범증은 논공행상에 불만을 품고 항우 몰래 한나라와 내통하고 있다."는 소문을 퍼뜨렸다.

단순한 항우는 소문을 그대로 믿고 범증에게는 알리지도 않고 강화 사신을 한왕에게 보냈다. 진평은 장량(張良) 등 한의 수뇌와 함께 정중하게 사신을 맞이했다. 그리고 소 · 양 · 돼지 등 맛있는 음식을 내놓고 대접했다. 그리고는 슬며시, "아부(亞父 ; 범증을 지칭)께선 안녕하십니까?" 하고 물었다.

사신은 먼저 범증에 대한 문안을 하므로 다소 기분이 언짢아서, "나는 초패왕(項王)의 사신으로 온 것이오." 하고 쏘아붙였다.

그러자 진평은 일부러 짐짓 놀라는 표정을 지으며, "한왕의 사신이라고? 난 아부의 사신인 줄로만 알았지." 하면서 극히 냉정한 태도로 돌변, 한번 내놓았던 음식마저 도로 물리고 대신 보잘것없는 식사로 바꾸어 놓고는 나가 버렸다.

이 말을 듣고 발끈한 항우는 그 화풀이를 범증에게로 돌려 한나라와 내통하고 있음이 틀림없다고 판단, 범증에게 주어졌던 권력을 모두 빼앗아버리고 말았다.

범증은 격노했다.

"천하의 대세는 이미 결정된 거나 다름없으니 왕께서 스스로 마무리를 지으시오. 나는 걸해골(乞骸骨)하여(原賜骸骨) 초야에 묻히기로 하겠소(天下事大定矣 君王自爲之 原賜骸骨歸卒伍)."

범증은 팽성으로 돌아가는 길에 화가 지나쳤음인지 등에 종기가 생겨 75세를 일기로 세상을 떠났다.

발산개세
拔山蓋世　　뽑을 拔 뫼 山 덮을 蓋 세상 世

힘이 산이라도 뽑아 던질 만하고 세상을 덮을 정도로 기력이 웅대함.

이 말은 용력과 패기를 말한 항우의 자기 자랑이었지만, 그 뒤로 이 「발산개세(拔山蓋世)」란 말은 항우를 상징하는 대명사처럼 되었고, 또 힘과 용맹을 표현하는 말로 흔히 인용되곤 한다. 이를테면 「제아무리 발산개세하는 놈이라도……」 하는 식으로 말이다.

초(楚)나라를 일으킨 항우와 한(漢)나라를 일으킨 유방은 중원을 두고 다투던 당대 최고의 장수들이었다. 초나라와 한나라의 전세가 엎치락뒤치락하다가 마침내 해하(垓下)에서 최후의 결전을 맞게 되었다.

이때 항우는 군사도 적고 식량도 부족했을 뿐 아니라 한나라 병사들이 사방에서 초나라 노래까지 부르자(四面楚歌), 향수에 젖은 초나라 병사들 대부분은 전의를 잃고 도망을 갔다.

자신의 운명이 다했다고 판단한 항우는 최후의 만찬을 벌였다. 술 몇 잔을 단숨에 들이켠 항우는 초라해진 자신을 바라보며 비분한 심정으로 다음과 같이 노래하였다.

힘은 산을 뽑고 기상은 세상을 덮었는데
때가 불리하니 추마저 가지 않누나.
추마저 가지 않으니 난들 어찌하리.

우(虞)야, 우야, 너를 어찌하리.

力拔山兮氣蓋世　時不利兮騅不逝
역발산혜기개세　시불리혜추불서
騅不逝兮可奈何　虞兮虞兮奈若何
추불서혜가나하　우혜우혜나약하

항우가 노래를 부르자 우미인은 화답을 했다. 항우의 눈에서는 눈물이 끝없이 넘쳐흘렀다. 좌우에 있는 사람들은 그의 슬퍼하는 모습을 바로 쳐다보지 못했다. 노래를 마치고 항우는 우미인을 혼자 남아있으라고 이렇게 위로하며 권했다.

"너는 얼굴이 아름다우니 패공의 사랑을 받아 목숨을 부지할 수가 있을 것이다."

그러나 우미인은 항우를 따라가겠다면서 단검을 받아 들고는 자결하고 만다. 남편의 짐이 되지 않기 위해서였다. 이 노래는 「발산기개세지가(拔山兮氣蓋世之歌)」라고도 하고, 「우혜가(虞兮歌)」라고도 한다. 「발산개세」는 보통 「역발산기개세(力拔山氣蓋世)」라고 한다.

拔山擧鼎 (발산거정)　　뽑을 拔 뫼 山 들 擧 솥 鼎

산을 뽑을 만하고 솥을 들어 올린다는 뜻으로, 용기와 힘이 남보다 월등하게 뛰어남.

항우는 진(秦)나라 말기에 진승(陳勝)과 오광(吳廣)의 난이 일어나자 숙부 항량(項梁)과 함께 봉기하여 회계군(會稽郡) 태수를 참살하고 진나라 군사들을 도처에서 무찌르며 진나라의 폭정에 대항하였다.

숙부와 함께 오중(吳中)에 머물러 있을 때, 항우는 체구가 크고 용감하여 무거운 솥도 거뜬히 들어올려서「거정(擧鼎)」이라고 불렀다고 한다.

항우가 한패공(漢沛公) 유방을 맞이하여 해하(垓下)에서 최후의 결전을 하던 날 밤이었다. 군대는 적고 먹을 것마저 없는데, 적은 겹겹이 둘러싸고 있다. 게다가 항우를 더욱 놀라게 한 것은 포위하고 있는 적군들이 사방에서 초나라 노래를 부르고 있는 것이었다. {☞ 사면초가(四面楚歌)}

"이제는 다 틀렸다. 적은 이미 초나라 땅을 다 차지하고 만 모양이다. 그렇지 않고서야 초나라 사람들이 이토록 많이 적에 가담할 수가 없지 않은가!"

최후의 결심을 한 항우는 장수들과 함께 결별의 술자리를 베풀었다. 그 자리에는 항우가 항상 진중에 함께 데리고 다니던 사랑하는 우미인(虞美人)도 함께 했다. 항우에게는 우미인처럼 늘 그와 운명을 같이하다시피 한 오추마(烏騅馬)로 불리는 천리마가 있었다. 오추마를 추(騅)라고 불렀다.

술이 한잔 들어가자 항우는 감개가 더욱 무량했다. 슬픔과 울분이 한꺼번에 치밀어 올라 노래라도 한 수 읊지 않고는 도저히 견딜 수가 없었다. 그 노래가 바로 앞의 항목「발산개세」에 있는「발산기개세지가」다.

노래 속의「발산(拔山)」과 함께 장사(壯士)처럼 힘이 센 항우에게 붙여진「거정(擧鼎)」이 합쳐져「발산거정」의 성어가 생겨난 것이다.

四面楚歌 (사면초가)

넉 四 쪽 面 초나라 楚 노래 歌

적에게 둘러싸인 상태나, 누구의 도움도 받을 수 없는 고립 상태에 빠짐.

초한전(楚漢戰) 당시 항우의 고사에서 나오는 너무도 유명한 말이다.「사면초가」는 사방이 완전히 적으로 둘러싸여 있다는 뜻인데, 그 속에는 내 편이었던 사람까지 적에 가담하고 있는 비참한 처지란 뜻이 포함되어 있다. 초·한의 7년 풍진도 이제는 조용해지는가 했더니, 한왕 유방이 약속을 어기고 항우를 해하(垓下)에서 포위했다.

해하에 진을 친 항우는 군사도 적고 식량도 다 떨어져 가고 있었다. 겹겹이 둘러싸고 있는 한나라 군사는 장량(張良)의 꾀로 초나라 출신 장병들을 항우 진영 가까이에다 배치하고 밤에 초나라 노래를 부르게 했다.

〈항우본기〉에 보면,

“밤에 한나라 군사가 사면에서 모두 초나라 노래를 부르는 것을 듣자, 초왕은 이에 크게 놀라 말하기를, ‘한나라가 이미 초나라를 다 얻었단 말인가. 어째서 초나라 사람이 이다지도 많지?’ 했다(夜聞漢軍四面而皆楚歌 項王及大驚曰 漢皆旣得楚乎 是何楚人之多也).” 고 나와 있다.

여기에서 외톨이가 되고 만 것을 가리켜「사면초가」라 부르게 되었다. 이 마지막 장면을 계기로 해서 항우는 무수한 말들을 뒷사람들에게 남겨 주고 있다.「역발산기개세(力拔山氣蓋世)」니,「무면도강동(無面渡江東)」이니,「권토중래(卷土重來)」니 하는 등등.

추불서 불가나하

騅不逝 不可奈何 오추마 騅 아닐 不 갈 逝 어찌 奈

오추마(烏騅馬)도 앞으로 나아가지 못한다는 뜻으로, 기세가 꺾이고 힘이 빠져 어쩔 수 없음을 비유적으로 이르는 말.

항우가 한패공(漢沛公) 유방을 맞아 해하(垓下)에서 최후의 결전을 하던 날 밤이었다. 군대는 적고 먹을 것마저 없는데, 적은 겹겹이 둘러싸고 있다. 게다가 항우를 놀라게 한 것은 포위하고 있는 적군들이 사방에서 초나라 노래를 부르고 있는 것이었다.

"이제는 다 틀렸다. 적은 이미 초나라 땅을 다 차지하고 만 모양이다. 그렇지 않고서야 초나라 사람들이 이토록 많이 적에 가담할 수가 없지 않은가?"

최후의 결심을 한 항우는 장수들과 함께 결별의 술자리를 베풀었다. 그 자리에는 항우가 항상 진중에 함께 데리고 다니던 사랑하는 우미인(虞美人)도 함께 했다.

항우에게는 우미인처럼 늘 그와 운명을 같이하다시피 한 오추마로 불리는 천리마가 있었다. 오추마를 추(騅)라고 불렀다. 술이 한잔 들어가자 항우는 감개가 더욱 무량했다. 슬픔과 울분이 한꺼번에 치밀어 올라 노래라도 한 수 읊지 않고는 견딜 수 없었다.

힘은 산을 뽑고 기상은 세상을 덮었는데
때가 불리하니 추마저 가지 않누나
추마저 가지 않으니 난들 어찌하리
우(虞)야, 우야, 너를 어찌하리

力拔山兮氣蓋世　역발산혜기개세
時不利兮騅不逝　시불리혜추불서
騅不逝不可奈何　추불서불가나하
虞兮虞兮奈若何　우혜우혜나약하

노래를 마치고 항우는 우미인을 혼자 남아 있으라고 이렇게 위로하며 권했다.

"너는 얼굴이 아름다우니, 패공의 사랑을 받아 살아날 수 있을 것이다."

그러나 우미인은 항우를 따라가겠다면서 단검을 받아 들고는 자살하고 만다. 남편의 짐이 되지 않기 위해서였다. 이 노래는 「발산기개세지가(拔山氣蓋世之歌)」라고도 하고, 「우혜가(虞兮歌)」라고도 한다.

이제까지 고난을 함께 해온 애마 추까지도 앞으로 나아가려 하지 않는다는 뜻으로 마지막 곤경에 빠져서 세궁역진(世窮力盡)함을 비유한 말이다.

何面目見之 (하면목견지)

어찌 何 낯 面 눈 目 볼 見 이 之

"어찌 이를 대할 낯이 있겠는가."라는 뜻으로, 볼 면목이 없다는 말이다.

한고조 5년(BC 202) 한 · 초(漢楚)의 싸움은 막판으로 접어들었다. 항우는 해하(垓下)로 몰려 「사면초가(四面楚歌)」를 듣고 마침내 유방 앞에 힘이 다했다.

우미인(虞美人)과 이별한 뒤 애마 추(騅)에 올라타고 겨우 8백여 기로 포위를 돌파한 항우는 이윽고 28기가 된 것을 보자 최후의 결의를 굳혔지만, 임회(臨淮)에서 한바탕 한군을 짓밟고 나서는 어느 틈엔가 남으로 남으로 향하고 있는 자신을 발견했다.

얼마 후 장강(長江 : 양자강)의 북안으로 나왔다. 오강(烏江)을 동으로 건너려고 했던 것이다. 건너기만 하면 그곳은 자기가 거병한 강동 땅이다. 그 때 오강의 정장(亭長)이 배를 대고 그를 기다리고 있는 것이 보였다. 그 정장은 항우를 보자 이렇게 말했다.

"강동은 천하로서 보면 비록 작으나 지방이 천 리, 백성이 수십만으로 아직도 왕이 될 만한 곳입니다. 부디 대왕께서는 급히 건너십시오. 다른 배가 없으니 한군이 쫓아온다 해도 건너지 못합니다."

그러자 항우는 보기 드물게도 웃고서는 그것을 거절했다.

"이미 하늘이 나를 버렸다. 나는 건너지 않겠다. 그뿐 아니다. 8년 전 나는 강동의 자제 8천 명과 함께 이 강을 건너

서쪽으로 향했으나, 지금 나와 돌아가는 자는 한 사람도 없다. 가령 강동의 부형이 불쌍히 여겨 왕으로 앉혀 주더라도 어찌 대할 낯이 있겠는가(何面目見之)."

항우는 한군의 맹렬한 추격을 받아가며 고전 끝에 그래도 마음이 강동에 끌려 거기까지 온 자기를 부끄럽게 생각했으리라. 수년 전 함양을 함락시켰을 때, "비단옷을 입고 밤길을 간다(錦衣夜行)." 고 하며 고향으로 돌아간 자기가 이제는 단기(單騎)에다 전진(戰塵)투성이의 날개 떨어진 새 꼴이 되어 도망쳐 다니는 것이 뼈에 사무쳤을 것이다.

"무슨 면목으로 이를 대하겠는가(何面目見之)." 그것은 자못 전국의 패왕이 자신에게 들려주기 알맞은 최후의 말이었다. 항우는 애마를 정장에게 주고는 아무 미련 없이 떼 지어 덤비는 한군 속으로 돌진했다. 수백 명을 죽인 다음, 한군 속에 있는 옛 친구를 발견하고,

"내 목을 잘라 공을 세우라!" 하고 말하고는 스스로 목을 쳐 죽었다. 아직 31세의 젊음이었다. 그 목에는 천금과 만호의 읍이 상으로 걸려 있었다. 떼 지어 덤비는 한나라 병사들 때문에 항우의 몸은 산산조각이 났다. 서로 빼앗기 위해 수십 명이 죽이고 죽고 했다. 조각난 시체는 다시 맞추어져 항우의 시체임이 확인되었다.

그 광경은 "무슨 면목으로 이를 대하겠느냐!" 고 말한 항우의 말과 현저하게 대조적이었다. 창자가 꿰어져 나오고, 아무렇게나 뒹굴려 놓은 토막토막이 뜯어 맞추어진 이상한 시체는 12월 한풍에 불려 덧없는 인간세계를 비웃고 있는 것처럼 보였다.

항우의 최후

고조본기(高祖本紀)

隆準龍顏(융준용안)　　높을 隆 콧마루 準 용 龍 얼굴 顏

우뚝한 코와 용의 얼굴. 한고조 유방의 얼굴을 일컬음.

「융준용안」은 한고조 유방의 얼굴 특색을 말한 것으로, 보통 융준(隆準)은 콧대가 우뚝 솟은 것을 말하고, 용안(龍顏)은 얼굴 생김새가 용처럼 생겼다는 뜻으로 풀이하고 있다. 그러나 「용처럼」이란 말은 좀 막연하다.

그래서 「융준용안」의 해석에는 다른 의견들이 있다.

이 말이 실려 있는 〈고조본기〉의 주해를 보면 배인(裵駰)이 편찬한 집해(集解)에는 응소(應劭)의 말을 인용하여,

"융(隆)은 높다는 뜻이다. 준(準)은 빰이 반듯하고 평편한 것을 말한다. 안(顏)은 이마다. 제나라 사람은 상(顙)이라 하고, 여남(汝南), 회사(淮泗) 사이에서는 이마를 안(顏)이라고 한다." 하고, 또 동시에 문영(文穎)의 말이라 하여 준(準)은 코(鼻)다." 라고 했다.

그런데 코라고 할 때는 음이 준(準)이 아니고 절(準)로 읽게 되어 있다. 즉 「융절용안」이라고 해야 할 것을 보통 쓰이는 법(法)과 평(平)의 뜻을 말할 때와 같은 「준」이란 음으로

그대로 읽고 있는 것이다.

또 사마정(司馬貞)이 지은 《색은(索隱)》이란 책에는 이렇게 말하고 있다.

"진시황은 봉목장준(蜂目長準)이었다고 한다. 대개 코가 높이 솟은 것을 말한다. 문영의 말인즉, 고조는 용(龍)을 느끼고 태어났기 때문에 그 얼굴 모양이 용 같아서 목은 길고 코가 높다는 것이다."

용을 느꼈다는 이 「융준용안」이란 말 앞에 나와 있는 한 고조의 태생 전설을 말한 것이다. 〈고조본기〉의 첫머리를 소개하면 다음과 같다.

"고조는 패풍읍 중양리 사람으로 성은 유씨(劉氏)고 자(字)는 계(季)다. 아버지는 태공(太公)이라 불렀고, 어머니는 유온(劉媼)이라 했다. 유온이 언젠가 큰 못 가 언덕에서 자고 있는데, 꿈에 귀신을 만나게 되었다. 그때 천둥 번개가 요란하고 천지가 캄캄했다. 태공이 가서 자세히 보니 그 위에 교룡(蛟龍)이 나타나 있었다. 그런 다음 태기가 있어 드디어 고조를 낳았다. 고조는 사람 된 것이 융준에 용안이었고, 수염이 아름다우며 왼쪽 다리에 72개의 검은 점이 있었다."

지금도 관상가들은 용안의 안(顔)을 얼굴이 아닌 이마로 보고 있고 용의 특색은 이마가 높은 데 있다는 것이다. 즉 코도

높고 이마도 높은 것이 「융준용안」이라는 것이다. 그런데 지금은 이 말이 얼굴이 남자답게 잘 생겼다는 뜻으로 쓰이기도 한다. 또 용의 눈(龍眼)으로 풀이하는 사람도 있다.

관인대도 寬仁大度 　너그러울 寬 어질 仁 클 大 법도 度

마음이 너그럽고 인자(仁慈)하며 도량이 넓음.

"관대하고 어질며 남을 사랑하고 베풀기를 좋아하였으며 뜻이 넓게 트였다. 항상 큰 도량을 지니고 있어 집안사람들이 하는 생산 작업을 일삼지 않았다(寬仁而愛人喜施 意豁如也 常有大度 不事家人生産作業)."

《사기》 원문에는 「관(寬)」 자는 없다.

"물이 맑으면 큰 고기가 모이지 않는다(水至淸則無魚)." 라는 속담처럼 남을 수하에 거느리기 위해서는 위엄과 술수도 필요하지만 넉넉한 도량이 가장 좋다.

용서하고 이해하며 그들의 생각을 공감할 때 비로소 큰 인물들이 심복이 되어 들어오는 것이다.

《중용》 제17장에 보면, "때문에 큰 덕은 반드시 그 지위를 얻을 것이고 그 녹을 받을 것이며, 그 이름을 얻을 것이고, 그 목숨을 유지할 수 있을 것이다(故大德 必得其位 必得其祿

必得其名 必得其壽).”는 말이 나오는데, 바로 관인대도한 마음이 낳은 효과라고 할 것이다.

일패도지 一敗塗地 한 一 패할 敗 바를 塗 땅 地

여지없이 패하여 다시 일어날 수 없게 됨.

한고조 유방의 말로, 진시황 말년 “동남방에 천자의 기운이 있다.”고 말하는 사람이 있자, 시황은 동쪽으로 순행을 나가 이 기운을 찾아 후환을 막을 생각이었다.

유방은 혹시 자기에게 어떤 화가 미치지 않을까 하고 산중으로 숨었다. 그러자 유방이 있는 패읍(沛邑) 사람들도 그를 따랐다.

이윽고 시황이 죽고 2세가 즉위하자, 진승(陳勝)이 반란을 일으켰다. 그러자 각 고을마다 호걸들이 일어나 수령을 죽이고 반기를 들어 진승에게 호응했다.

패읍의 수령도 반란민에게 죽게 될까 겁이 났다. 그래서 자진해서 고을 백성들을 이끌고 진승에게 호응할 생각으로 부하인 소하(蕭何)와 조참(曹參)을 불러 상의했다. 그러자 소하와 조참은,

“진나라 관리인 사도께서 반란을 일으키려 하면 사람들이

말을 듣지 않을 것입니다. 사또께서 먼저 밖으로 도망쳐 나가 있는 사람들을 불러들이십시오. 아마 수백 명에 달할 것입니다. 그들의 힘을 빌려 대중을 위협하면 감히 거역할 사람이 없을 것입니다." 하고 권했다.

그리하여 번쾌를 보내 유방을 불렀다. 그때 유방을 따른 사람들은 벌써 수백 명에 달하고 있었다. 수백 명이 떼 지어 오는 것을 보자 현령은 후회막급이었다. 얼른 성문을 닫고 소하와 조참을 죽이려 했다. 두 사람은 성을 넘어 유방에게로 가서 몸을 의지했다.

유방은 비단 폭에 글을 써서 성 위로 쏘아 보냈다. 그 글의 지시에 따라 고을 사람들은 현령을 죽이고 성문을 열었다. 유방을 맞이한 부로들은 그를 현령에 추대하려 했다. 그러자 유방은「일패도지」란 말을 썼다.

"천하가 한창 시끄러워 제후들이 사방에서 함께 일어나고 있는데 지금 장수를 한번 잘못 두게 되면 일패도지하고 만다(天下方擾 諸侯竝起 今置將不善 一敗塗地)." 하고 현령되기를 사양했다.

그러나 결국은 자청하는 사람도 할 만한 사람도 없어 유방이 패현의 현령이 된다. 그리하여 패령이 패공이 되고, 패공이 한왕(漢王)이 되고, 한왕이 다시 한고조가 되는 것이다.

「일패도지」의 뜻을 주해에는 이렇게 말하고 있다.

“하루아침에 깨어져 패하게 되면 간과 골로 땅을 바르게 된다는 것을 말한다(言一朝破敗 使肝腦塗地).”

즉 골이고 창자고 온통 흙과 한 덩어리가 되고 만다는 얘기다. 여기서 「간뇌도지(肝腦塗地)」란 말이 나왔다.

約法三章(약법삼장) 간략할 約 법 法 석 三 나타낼 章

법률은 간략함을 존중한다.

약법(約法)은 약속한 법이란 뜻이다. 그러나 간단한 법이란 어감을 동시에 주는 말이다. 「약법삼장」은 약속한 법이 겨우 세 가지란 뜻으로, 원래는 진(秦)나라 서울 함양을 점령한 패공(沛公) 유방이 진나라 부로들에게 한 약속을 가리킨 것이다. 지금은 법이 복잡하지 않고 간편해야 한다는 뜻으로 쓰이고 있다.

한(漢) 원년(BC 206) 10월, 유방은 진나라 군사를 쳐서 이기고 수도 함양 동쪽에 있는 패상(霸上)으로 진군했다. 이때 진왕(秦王) 자영(子嬰)은 유방을 멀리 나와 맞으며 황제의 인수와 부절(符節)을 상자에 넣어 올리고 항복을 했다.

장수들 중에는 자영을 죽이자는 사람들이 많았지만, 유방은 듣지 않고 다만 감시만을 하게 했다.

다시 진군하여 함양에 입성한 유방은 궁궐의 화려한 모습과 아리따운 후궁의 여자들을 보는 순간 조금도 그곳을 뜨고 싶은 생각이 없었다. 그러나 번쾌와 장량(張良)의 권고로 다시 패상으로 돌아왔다.

패상으로 돌아온 유방은 진나라의 많은 호걸들과 부로들을 불러 모아놓고 이렇게 말했다.

"여러분들은 진나라의 까다로운 법에 고통을 받은 지 오래다. 진나라 법을 비방하는 사람은 가족까지 죽이고 짝을 지어 이야기만 해도 사형에 처했다. 나는 제후들과 약속하기를, 먼저 관중(關中)에 들어가는 사람이 왕이 되기로 했다. 그러므로 내가 관중의 왕이 될 것이다. 나는 여러분들과 약속한다. 법은 3장뿐이다. 즉,

1. 사람을 죽인 사람은 죽는다(殺人者死).

2. 사람을 상케 한 사람과 도둑질한 사람은 죄를 받는다(傷人反盜抵罪).

3. 나머지 진나라의 법은 모두 없애버린다 (餘悉除去秦法).

모든 관리들과 사람들은 다 전과 다름없이 편안히 살기 바란다. 내가 온 것은 여러분을 위해 해독을 제거하려는 것이다. 괴롭히러 온 것은 아니니 조금도 두려워 말라……."

이리하여 사람들은 기뻐하며 유방이 진나라 왕이 되기를 바랐다고 한다. 진나라 궁궐을 불사르고 후궁의 여자와 보화들을 가지고 돌아간 항우와는 대조적이다.

암도진창
暗渡陳倉 어두울 暗 건널 渡 펼칠 陳 창고 倉

정면 공격을 위장하여 방비가 허술한 후방을 기습함.

"몰래 진창으로 건너다."라는 뜻으로, 정면으로 공격할 것처럼 위장하여 적이 병력을 그쪽으로 집결시키도록 한 뒤에 방비가 허술한 후방을 공격하여 기습에 성공함을 비유하는 말이다.

진(秦)나라가 멸망한 직후 항우는 장차 천하를 독차지할 야심을 품고 있었지만, 겉으로는 진나라의 옛 영토를 쪼개서 유방(劉邦) 등 반진(反秦) 장군들에게 영지로 나누어주고 왕의 봉호를 내리는 척하였다.

그런데 당시 항우는 다른 장수들에 대해서는 별로 염려하지 않았지만, 유방에 대해서는 은근히 우려하는 마음이 있었다. 훗날 자기와 천하를 다툴 사람은 유방밖에 없다는 생각 때문이었다.

일찍이 진나라가 멸망하기 전이었다. 반진 장군들은 진의 도읍지 함양을 먼저 함락시키는 사람으로 관중왕(關中王)을 삼는다는 약속을 한 일이 있었다. 우여곡절 끝에 함양에 제일 먼저 당도한 사람은 다름 아닌 유방이었다.

관중은 오늘날의 섬서성 일대로, 진나라에서 오랜 세월 개발한 결과 물산이 풍부한 고장이었으며, 군사적으로도 견고한 요새를 구축한 고장이었다.

이에 항우는 고의로 파촉(巴蜀, 지금의 사천성)과 한중(漢中, 지금의 섬서성) 일대를 유방에게 주어 그를 한왕(漢王)에 봉하고는 관중지방을 셋으로 나누어 진나라의 항장(降將)들인 장한·사마흔·동의 세 사람에게 떼어주어 유방을 견제하게 하였다.

그리고 항우 자신은 스스로 서초패왕(西楚霸王)이 되어 장강(長江, 양자강) 중하류와 회하(淮河) 유역의 비옥한 토지를 차지하고는 팽성을 도읍지로 삼았다.

한편 유방 또한 천하를 독차지할 야심이 있었던지라 항우의 이러한 조처에 불만이 대단했지만, 그의 위세에 눌려 부득이 남정(南鄭) 일대로 들어가게 되었다.

이때 유방은 장량(張良)의 계책대로 높은 벼랑에 나무로 가설해 놓은 잔도(棧道)를 모조리 불살라 버렸는데, 그것은 방어의 목적도 있었지만 주로 항우를 속이기 위한 방편이었다.

한중에 도착한 유방은 재능 있는 전략가 한신(韓信)을 대장군으로 삼고 장차 천하를 차지할 계획을 추진하였다. 한신은 우선 관중지방을 빼앗아 항우를 꺾어버릴 근거지로 삼을 계획을 세웠다. 그는 우선 수백 명의 군사를 파견해서 잔도를 중수하는 척하였다.

이때 관중 서부를 지키고 있던 장한은 그 소식을 듣고 "수백 명의 군사로는 어림도 없지." 하면서 코웃음을 쳤다.

그런데 얼마 안 가서 유방의 대군이 관중으로 쳐들어와 진창을 점령하고 말았다. 이에 장한은 자살하고 사마흔과 동의는 항복하고 말았다.

한신이 군사를 보내 잔도를 수리하게 한 것은 사실 속임수로 그 때 그는 유방과 함께 대군을 거느리고 쥐도 새도 모르게 진창을 쳐서 빼앗았던 것이다. 그리하여 "겉으로는 잔도를 수리하면서 남몰래 진창을 건넜다(明修棧道 暗渡陳倉)."는 말이 나오게 되었는데, 흔히「암도진창」또는「진창암도」라고도 한다.

그리고 한신은 장량이 잔도를 불태워버리자고 제의할 때 벌써 이런 계획을 유방에게 올렸다고 한다. 그래서 "영웅들이 보는 바는 대체로 동일하다(英雄所見 畢竟略同)."는 말도 나오게 되었는데, 나중에 성구「영웅소견약동(英雄所見略

同)」이 되었다.

口尚乳臭(구상유취) 입 口 아직 尙 젖 乳 냄새 臭

언어와 행동이 유치함을 이르는 말이다. 한고조가 반란을 일으킨 위(魏)의 장수 백직(柏直)을 가리켜 한 말인데, 흔히 하는 말을 한고조(漢高祖)가 말한 것이 기록으로 남은 것뿐이다. 그러나 상대를 얕보고 하는 말 치고는 어딘가 품위가 있고 애교가 느껴진다.

유방이 한신을 보내 위왕 표(豹)를 공격할 때였다. 한창 기세를 올리고 있던 한나라였지만, 신중을 기해 공격할 필요를 느낀 유방은 위나라 사정에 정통한 역이기(酈食其)를 불러 그쪽 사정이 어떤지 물어보았다.

"한(漢)의 군대를 지휘하고 있는 장군은 누군가?"

역이기가 대답했다.

"백직(柏直)이라는 자입니다."

이 말을 들은 유방은 근심스런 표정을 이내 거두면서 말했다.

"그래, 그 자라면 나도 좀 알지. 입에서 아직 젖내가 나는(口尙乳臭) 애송이 아닌가? 위를 공격해서 차지하는 건 시간문제로군.”

그리고 곧바로 한신을 시켜 위군을 공격하게 하였다.

이조시대 때 김삿갓(金笠)에 관한 이야기 가운데 다음과 같은 재미있는 이야기가 있다.

어느 더운 여름철, 김삿갓이 한 곳을 지나노라니, 젊은 선비들이 개를 잡아놓고 술잔을 권커니 자커니 하며 시문을 짓는다고 저마다 떠들어대고 있었다.

술이라면 만사를 제쳐놓을 김삿갓인지라 회가 동하지 않을 수 없었다. 점잖게 말석에 자리를 잡고 앉아 한 순배 돌아오기를 기다리고 있는데, 행색이 초라해서인지 본 체도 않는 것이었다.

김삿갓은 슬그머니 아니꼬운 생각이 들어,

“구상유취로군!” 하고 벌떡 일어나 가버렸다.

“그 사람 지금 뭐라고 했지?”

“구상유취라고 하는 것 같더군.”

“뭣이, 고연 놈 같으니!”

이리하여 김삿갓은 뒤쫓아 온 하인들에게 이끌려 다시 선비들 앞으로 불려갔다.

“방금 뭐라고 그랬나? 양반이 글을 읊고 있는데, 감히 ‘구상유취’라니?” 하면서 매를 칠 기세를 보였다.

김삿갓은 태연히, "내가 뭐 잘못 말했습니까?" 하고 반문했다.

"뭐라고, 무얼 잘못했냐고? 어른들을 보고 입에서 젖내가 난다니, 그런 불경한 말이 어디 또 있단 말이냐?"

"그건 오햅니다. 내가 말한 것은 입에서 젖내가 난다는 구상유취(口尙乳臭)가 아니라, 개 초상에 선비가 모였으니, '구상유취(狗喪儒聚)' 가 아닙니까?"

한문의 묘미라고나 할까. 선비들은 그만 무릎을 치고 크게 웃으면서, "우리가 선비를 몰라보았소. 자, 이리로 와서 같이 술이나 들며 시라도 한 수 나눕시다." 하고 오히려 사과를 한 끝에 술을 권했다.

비슷한 이야기로 이런 것도 있다. 회갑잔치 집에 가서 푸대접을 받은 김삿갓이 축시(祝詩)라는 것을 이렇게 써 던지고 간 일이 있다.

시아버지 자리로 걸어가서
잔을 드리고 공손히 뵙는다.

步之舅席　納爵恭謁　　보지구석 납작공알

知其一未知其二 (지기일 미지기이) 알 知 그 其 한 一 아닐 未 두 二

이면(裏面)의 사리나 내면(內面)의 이치를 모름.

상대 의견에 찬성하면서 아직 부족한 점이 있다는 뜻으로 쓰이기도 하고, 상대가 어떤 문제를 놓고 지나친 고집을 하거나 엉뚱한 속단을 내릴 때 이 말을 쓰기도 한다.

한고조 유방이 군신들에게, "내가 천하를 얻고, 항우가 천하를 잃은 이유가 무엇인지 말해 보라." 고 하자, 신하들은 두 사람의 성격을 들어서 대답했다.

이때 고조는, "경들은 그 하나는 알고 그 둘은 모른다(公知其一 未知其二)." 라고 하며, 자기는 장량과 소하(蕭何), 한신 같은 인재들을 썼기 때문이고, 항우는 하나밖에 없는 범증(范增)마저 제대로 쓰지 못했기 때문에 망한 것이라고 말했다.

여기서 말한 「그 둘」은 꼭 두 가지란 뜻은 아니다. 첫째 것에 대한 둘째 것이란 뜻도 될 수 있고, 하나 이외의 또 다른 것이란 뜻도 된다. 그러나 보통 "하나만 알지 둘은 모른다" 는 우리말은 이 말을 번역해 쓰고 있다.

우리가 쓰고 있는 「둘」이란 말 역시 그 밖의 다른 것이란 뜻을 가지고 있다. 하나도 상관없고 셋도 넷도 될 수 있다. 이 「지기일 미지기이」란 말과 같은 말을 《시경》 소아 소민(小

旻)편에서도 볼 수 있다.

감히 범을 맨 손으로 잡지도 않고
감히 강을 맨 몸으로 건너지도 않으나
사람은 그 하나만을 알고
그 밖의 것을 알지 못한다.
……

不敢暴虎 不敢馮河　불감포호 불감빙하
人知其一 莫知其他　인지기일 막지기타
……

이 시는 포학한 정치를 개탄해서 부른 시다. 맨주먹으로 범을 치고 알몸으로 강물을 건너는 그런 무모한 짓은 하지 않지만, 눈앞의 이해에만 눈이 어두워 장차 올 보다 큰 재난이 밀어닥칠 것을 모르고 있는 위정자들을 가리켜서 한 말이다.

하나만 알고 그 밖의 것을 모르는 것이 인간의 공통된 약점이요 결점이다. 항상 살피고 반성해도 이 약점과 이 결점을 보충하기가 힘들다. 더구나 그런 노력마저 없는 경우야 말해 무엇 하겠는가.

운주유악(運籌帷幄) 놀릴 運 산가지 籌 휘장 帷 휘장 幄

가만히 들어앉아서 계책을 꾸밈.

운주(運籌)는 산가지를 놀린다는 뜻이고, 유악(帷幄)은 장막이란 뜻이다. 「운주유악」은 장막 안에서 산가지를 놀린다는 뜻이니, 곧 가만히 들어앉아서 계획을 꾸민다는 말이다.

항우는 이미 망하고, 천하가 마침내 한왕 유방의 손에 넘어갔고, 통일천하를 끝낸 한고조 유방은 어느 날 낙양 남궁(南宮)에서 잔치를 베풀었다. 그 자리에서 고조는 말했다.

"경들은 숨김없이 말해 보라. 내가 천하를 얻은 까닭과 항우가 천하를 잃은 까닭이 무엇인가를?"

그러자 고기(高起)와 왕릉(王陵)이 이렇게 대답했다.

"……폐하께선 성을 치고 공략하게 되면 공을 세운 사람에게 그 땅을 주어 천하 사람들과 이익을 함께하셨습니다. 그러나 항우는 의심과 질투가 많아 싸움에 이겨도 성을 주지 않고 땅을 얻어도 나누어주는 일이 없었습니다. 이것이 폐하께서 천하를 얻고 항우가 천하를 잃은 까닭인 줄 아옵니다."

그러자 고조는 말했다.

"그대는 하나만 알고 둘은 모른다. 대체로 산가지를 장막 안에서 움직여 천 리 밖에 승리를 얻게 하는 것은 내가 자방

(子房 : 장량의 자)만 못하고(夫運籌策帷幄之中 決勝於千里之外 吾不如子房), 나라를 편안히 하고 백성을 어루만져 주며, 군대의 보급을 끊어지지 않게 하는 것은 내가 소하(蕭何)만 못하며, 백만의 군사를 거느리고 싸우면 반드시 이기고, 치면 반드시 빼앗는 것은 내가 한신만 못하다. 이 세 사람은 모두 뛰어난 인걸들이다. 나는 그들을 제대로 쓸 수가 있었던 것이 바로 내가 천하를 차지할 수 있었던 이유다. 항우는 범증(范增) 한 사람 있을 뿐이었는데, 그 하나도 제대로 쓰지 못했다. 이것이 나에게 패한 이유다."

이상이 《사기》의 내용인데, 《한서》에 나와 있는 것과는 이 대목의 글자가 몇 자 틀린다. 《한서》에는 "운주유악지중 결승천리지외(運籌帷幄之中 決勝千里之外)."로 되어 있는데, 《사기》에는 주(籌)가 주책(籌策)으로 되어 있고, 유악이 유장(帷帳)으로 되어 있고, 천리(千里) 위에 어(於) 한 자가 더 들어가 있다. 똑같은 뜻인데 보통 《한서》의 것을 쓰고 있다.

유방이 말한 바와 같이 그가 일개 군도(群盜)의 두목에서 몸을 일으켜 천하를 손에 쥔 것은 사람을 잘 썼기 때문이다. 항우의 경우는 혈연적인 결합이 강한 데 대하여 유방의 집단은 군사집단이기는 하나 오히려 당시의 신흥 세력이었던 호족

(豪族)의 생활집단과 같은 형태를 취하고 있었다.

혈연이 아닌 것도 널리 사람을 흡수할 수 있는 조건이 되는 것이다. 소하는 원래 소관리(小官吏), 한신은 시정(市井)의 무뢰한, 주발(周勃)은 돗자리 짜는 사람, 번쾌는 개백정이었다. 유방은 이런 사람들을 잘 써서 일을 꾸몄던 것이다. 낡은 형태의 항우군보다 확실히 진보적이어서 이길 만하였기에 이긴 것이라고 말할 수 있다.

한고조 유방

여태후본기(呂太後本紀)

면절정쟁 面折廷爭
낯 面 꺾을 折 조정 廷 다툴 爭

군주의 면전에서, 혹은 조정에서 군주의 덕행이나 정사(政事)에 관하여 논쟁을 함. 뜻이 바뀌어 강직한 신하를 이름.

한(漢) 고조는 만년에 이르러 척부인(戚夫人)을 총애했으며, 척부인의 아들 여의(如意)를 조왕(趙王)으로 책봉했다. 고조는 여후의 아들인 태자 유영(劉盈)이 유약해서 늘 근심하던 터였으며, 오히려 여의가 더 마음에 들었다.

그래서 그는 태자 유영을 폐하고 여의(如意)를 태자로 세우려고 했다.

그런데 대신들을 모아놓고 의논해 보니 다들 반대했으며, 심지어는 장량마저 동의하지 않았다. 뿐만 아니라 대신들은 당시 명망이 높았던 상산사호(商山四皓)를 하산시켜 태자를 보좌하도록 했다.

「상산사호」란 진(秦)나라 말기에 난리를 피하여 상산(商山)에 살던 동원공(東圓公), 하황공(夏黃公), 녹리선생(甪里先生), 기리계(綺里季)를 가리킨다. 이들이 모두 눈썹과 머리카락이 희었다는 데서 붙여진 명칭이다.

이렇게 되니 고조는 태자를 폐할 방법이 없었다. 고조는 병이 들어 살 날이 얼마 없다는 것을 알게 되자, 대신들을 불러 놓고 백마 한 마리를 잡았다. 대신들과 함께 그 피를 마시면서 이렇게 맹세하게 했다.

"유씨 성이 아닌 사람을 왕으로 세우지 않고, 공로가 없는 자에게는 작위를 주지 않는다. 이 맹약을 위반하는 자는 모두들 힘을 합쳐 없앤다."

이것이 「백마의 맹약(白馬之盟)」이다. 고조 유방이 세상을 떠나고 고조의 황후 여후(呂后)가 사실상 정권을 휘두르고 있었는데 백마의 맹세를 거스르고 본인의 친족 여씨들을 왕에 앉히려 하였다.

그러기 전에 신하들의 의견을 듣고자 먼저 우승상 왕릉(王陵)에게 물었다. 왕릉은 당연히 안 된다고 간언하였는데, 이에 심기가 상한 여후는 진평(陳平)과 주발(周勃)을 불러 같은 질문을 했다.

그러자 그들은 된다고 하였다.

이 말을 듣고 크게 화가 난 왕릉은 그들 둘을 만나 힐문했다.

"태후께서 옳지 않은 길을 가려 하시는데 어찌하여 공들은 그걸 찬성했소? 맹세가 살아 있는데, 나중에 구천에 들면 폐하를 어찌 뵈려 그러시오?"

그러자 진평은 이렇게 대답했다.

"지금 조정에서 면절정쟁하기는 내가 우승상만 못하지만(於今面折廷爭 臣不如君) 사직을 지키고 유씨 후손을 안정시키는 것은 우승상이 우리만 못할 것이오."

이 말을 듣고 왕릉은 크게 깨달은 것이 있어 태부로 물러앉은 뒤 칭병하여 낙향했다.

낙향한 뒤로는 조정에 나서지 않았으며 조용히 여생을 보내다 기원전 180년경에 세상을 떠났고 그의 작위는 아들이 이어받았다.

상산사호

효문본기(孝文本紀)

견아상제
犬牙相制 개 犬 어금니 牙 서로 相 금할 制

개의 어금니처럼 들고 난 모양으로 서로를 견제함.

한(漢)나라 고조(高祖)는 건국 공신들을 각 지방의 왕으로 봉하고 영토를 나누어주었는데, 그것이 화근이었다. 이 제후들이 서로 세력을 다투거나 공공연히 황실에 반기를 들곤 했기 때문이다.

"내 생각이 짧았구나!"

자기 실책을 깨달은 고조는 이들을 하나씩 쳐서 멸한 다음, 이번에는 자기 친족들을 그 자리에 앉혔다. 이것은 친족의 혈연으로 황실의 안녕과 융성을 꾀한다는 생각이었다.

새로운 제후들 역시 세월이 지남에 따라 전임자들과 똑같은 양상을 보여, 황실을 위하기보다는 세력 경쟁에만 몰두했다. 특히 경제(景帝) 3년에는 오왕(吳王)을 우두머리로 한 「오초(吳楚) 7국의 난」이 일어나 온 나라가 시끄러웠다.

놀란 조정에서는 태위(太衛) 주아부(周亞夫)를 대장으로 하여 대규모 진압군을 파견했다. 그리하여 겨우 난을 평정하긴 했으나, 그것으로 문제가 완전히 가라앉은 것은 아니었다.

반란군은 여전히 상당한 잔존세력으로 남아 있었고, 다른 제후들의 태도 또한 유동적이었기 때문이다.

그리하여 제후들의 영지를 축소하는 정책을 펴려고 했지만, 이 역시 안팎의 반대에 부딪혀 실효를 거두지 못하고 말았다.

다음 황제인 무제(武帝)는 좀 더 강압적인 방법으로 나갔다. 제후들의 죄상을 낱낱이 조사하여 그 결과에 따라 조치를 하겠다고 선언했다.

이렇게 되자 제후들은 당황하지 않을 수 없었다.

"우리는 황실과 골육 같은 관계로 고조께서. '개의 어금니처럼 교착(犬牙相制)' 시켜 우리를 제후로 봉한 것은 서로 도와 황실을 지키도록 하심이었는데, 이제 와서 뚜렷한 이유도 없이 죄를 묻겠다는 것인가?"

이렇게 불만을 토로하던 제후들은 가만히 있으면 반역죄로 몰릴 것 같아 정면 돌파로 모면할 생각을 했다

특히 강경파로 지목되어 처지가 곤란하게 된 사람인 《삼국지》에 나오는 현덕(玄德) 유비(劉備)의 직계 조상인 중산정왕(中山靖王) 유승(劉勝)은 대왕(代王) 유등(劉登)과 함께 도성인 장안에 올라와 황제를 뵙고 눈물로 호소했다.

"폐하, 골육의 정을 가르려고 하는 참언을 귀담아듣지 마십시오. 저희가 황실의 은혜를 입음이 태산 같은데, 어찌 딴

마음을 품겠습니까?”

무제가 가만히 생각해 보니 뚜렷한 죄상도 없을 뿐만 아니라, 그들을 처벌하는 것은 또 다른 부작용을 불러일으킬 불씨가 될 수 있었다.그래서 좋은 말로 위로하고, 추은령(推恩令)이란 것을 발표했다. 이것은 제후들의 영토를 잘게 쪼개어 그 자제들한테 나누어주도록 한 것이다.

위 여 씨 우 단　위 유 씨 좌 단

爲呂氏右袒 爲劉氏左袒

왼 左 웃통 벗을 袒

편을 가르다. 두 쪽으로 갈라지다.

「좌단」은 왼쪽 소매를 벗어 어깨를 드러내는 것을 말한다. 현대로 말하면 왼쪽 손을 들어 자기 의사를 표시하는 그런 것이다.

그런데 이 말은 어느 한쪽 의견에 동의하거나 그쪽 편이 되는 것을 뜻하게 된다. 그래서 「좌단고사(左袒故事)」란 말까지 생기게 되었는데, 이 「좌단」의 뜻은 「좌단고사」에서 온 것이다.

한고조의 아들 혜제가 즉위한 지 7년 만에 죽자, 그의 어머니며 고조의 황후였던 여후(呂后)는 소리를 내어 울기는 했으나 눈물 한 방울 흘리지 않았다.

장량(張良)의 아들인 장벽강(張辟彊)은 이때 열다섯 살 어린 나이로 시중이란 벼슬에 올라 측근에 모시고 있었다.

그는 좌승상 진평에게, "태후가 눈물을 흘리지 않는 이유를 아십니까?" 하고 물었다.

"글쎄, 어째서일까?"

"돌아가신 황제에게 장성한 아들이 없기 때문입니다. 승상을 비롯해 고조의 옛 신하들이 실권을 잡게 될 것이므로 스스로 불안한 생각에서 그런 겁니다. 승상께서 태후에게 친정 사람들로 근위(近衛)장군을 시키고, 궁중의 요직에 임명토록 권하십시오. 그러면 태후도 안심을 하고 중신들도 화를 면하게 될 것입니다."

진평은 벽강의 꾀에 따랐다. 여후는 몹시 기뻐했다. 그제야 눈물을 흘리며 통곡을 했다. 슬픔을 누르고 있던 불안이 가시자, 그제야 눈물이 쏟아져 나온 것이다. 그 뒤로 모든 정치와 명령은 여후 한 사람으로부터 나오게 되었다. 여후는 다시 여씨들을 왕에 봉하려 했다.

왕릉(王陵)은 "유씨(劉氏)가 아니면 왕을 봉할 수 없다." 고 한 고조의 유지에 위배된다고 이를 반대했다.

그러나 진평과 주발(周勃)은 이에 찬성했다. 태후가 기뻐하며 조정을 나가자, 왕릉은 두 사람을 책망했다.

그러자 두 사람은, "대의를 끝까지 주장하는 용기는 우리가 당신을 미칠 수 없지만, 나라를 편안히 하고 유씨의 천하를 지키는 데는 당신이 우리만 못할 거요." 하고 대답했다.

왕릉은 곧 물러나고 진평이 우승상으로 승진했다. 진평(陳平)은 정치에는 관심이 없어 매일 주색에만 빠져 있었다. 가장 여후가 두려워하고 있는 진평이 타락하게 된 것은 여후에게는 매우 다행한 일이었다.

고조의 일족인 유씨의 왕들은 차례로 쫓겨나고 혹은 피살되거나 자살을 강요당했다. 그 뒷자리에는 여씨들이 대신 들어가 앉았다.

그러나 여후는 집권 8년 만에 병으로 눕게 되었다. 다시 일어나지 못할 것을 짐작한 여후는 조왕 여록(呂祿)과 여왕(呂王), 여산(呂産)을 상장군에 임명하여 근위 북군과 남군을 각각 장악하게 한 다음, 두 사람을 불러 유언을 남겼다.

"너희들이 왕이 된 것을 대신들은 못마땅해 하고 있다. 내가 죽으면 난을 일으키게 될 것이다. 너희들은 군대를 이끌고 궁중을 지키고 있어야 하며 내 출상(出喪) 때에도 허술한 점이 없어야 한다."

여후는 곧 죽었다. 장례식이 끝나자, 그때까지 넋이 빠진 사람처럼 하고 있던 진평이 갑자기 활동을 개시했다. 그는 태위(太尉)인 주발과 여씨 타도의 계획을 짰다. 먼저 여록과 여산에게서 군권을 빼앗지 않으면 안된다.

진평은 여록과 친하게 지나는 역기(酈寄)를 여록에게로 보내 이렇게 달랬다.

"대신들은 당신들이 왕으로 있으면서 봉지로 가지 않고 군권을 쥐고 있기 때문에 무슨 음모라도 꾸미지 않나 하고 불안해하고 있습니다. 그러니 군권을 태위에게 돌려주고 봉지로 돌아가십시오. 그러면 대신들도 안심을 하게 되고 당신들도 왕의 지위를 편안히 누리게 될 것입니다."

무능한 여록은 과연 그렇겠다 싶어 상장군의 직인을 반납하고 북군의 군권을 태위인 주발에게 넘기고 말았다.

그러자 주발은 즉시 북군 군문으로 들어가 장병들에게 영을 내렸다.

"여씨를 위하는 사람은 오른쪽 소매를 벗고, 유씨를 위하는 사람은 왼쪽 소매를 벗어라(爲呂氏右袒 爲劉氏左袒)."

장병들은 모두 왼쪽 소매를 벗어 유씨의 편을 드는 의사를 보였다. 이리하여 혁명은 성공을 보게 되었고, 여씨들은 어른 아이 할 것 없이 모조리 잡혀 죽고 말았다.

여자의 얕은 지혜는 결국 자멸을 가져오는 어리석음과 다를 것이 없었다. 이 고사에서 「좌단」은 어느 한쪽에 편든다는 뜻으로 쓰이게 되었다.

罷露臺 (파로대)

그만둘 罷 이슬 露 대 臺

지붕이 없는 정자 만들기를 그만둔다는 뜻으로, 바른 민정(民政)을 펼치는 것을 비유하여 이르는 말이다.

"황제가 지붕 없는 정자를 만들 마음으로 설계를 시켰더니, 예산으로 백금(百金)이 들겠다고 하였다. 백금은 중산층 열 집의 재산과 맞먹는 돈이었다. 황제는 자신을 위해 그런 큰 돈을 쓸 수 없다고 토대 짓는 공사를 중지시켰다."

이 이야기는 전한(前漢) 제4대 효문황제의 일화이다. 명군으로 통하는 효문황제는 23년간 왕위에 있으면서 임금의 호사스런 생활은 백성들의 부담이라고 생각하여 항상 검소하게 살았다. 자신이 검은 비단을 입음으로써 검소한 옷차림을 솔선했고, 부인도 옷을 땅에 끌지 못하게 하였다.

신하 중에 장무라는 자가 뇌물을 받았다는 말을 듣고 뇌물보다 더 많은 하사금을 내렸고, 군문(軍門)을 찾았을 때 군중에서는 수레를 달릴 수 없다고 하자, 황제 스스로 말을 끌고 들어가 장군을 오히려 칭찬하고 상을 주는 등, 마음을 부드럽게 하고 오로지 덕으로 백성을 교화했다.

백성을 사랑하는 그의 마음은 「파로대」의 일화를 통해 잘 알 수 있다. 이처럼 민정에 마음을 쓰는 것을 가리켜 「파로대」라고 하게 되었다.

汗出沾背 (한출첨배)

땀 汗 날 出 더할 沾 등 背

식은땀이 등을 적신다는 뜻으로, 크게 부끄러워함을 이르는 말. (크게 겁을 부끄러워서) 땀이 솟아나서 등을 적신다.

한나라 문제(文帝)가 재상 주발(周勃)에게 일 년간의 수입과 지출액을 묻자, 이를 모르는 주발이 등에 식은땀을 흘리며 대답을 못했다는 옛일에서 나온 이야기인데, 그 후 주발은 스스로 재상 자리에서 물러나고 진평이 재상자리를 맡게 되었다.

주 발

오태백세가(吳太伯世家)

계찰계검 季札繫劍　　끝 季 패 札 맬 繫 칼 劍

마음속으로 작정한 약속을 끝까지 지킴.

계찰(季札)은 오(吳)나라 왕 수몽(壽夢)의 네 아들 가운데 막내아들로서, 형제들 가운데 가장 영리하고 재능이 있어서 왕은 계찰에게 왕위를 물려주려 하였고, 백성들 역시 같은 마음이었다.

그러나 계찰은 왕위는 장자가 이어야 한다며 대궐을 나가 산촌에 은둔하며 밭을 갈며 살았다.

계찰의 세 형들 역시 막냇동생의 곧은 성품과 굳은 절개를 칭찬하며 차례로 왕위를 계승하여 왕위가 그에게까지 이르도록 하려고 하였다.

그러나 계찰은 자신이 왕위에 오를 순서가 되었지만, 이때도 받지 않자, 왕은 계찰을 연릉(延陵)의 후(侯)로 봉했다. 그 후로부터 계찰을 연릉의 계자(季子)라 불렀다.

연릉후 계찰이 처음 사신으로 오(吳)나라로 가는 도중에 서(徐)나라에 들러 서왕(徐王)을 알현하게 되었다. 서왕은 평소 계찰의 보검이 탐이 났으나 감히 말하지 않았다.

계찰 역시 속으로는 서왕이 자신의 보검을 원한다는 것을 알고 있었으나, 사신으로 여러 나라를 돌아다녀야 하였기 때문에 검을 바치지 않았다.

계찰이 여러 나라를 순방하고 돌아오는 길에 서(徐)나라를 다시 들르자, 서왕은 이미 죽고 없었다. 이에 계찰은 보검을 끌러 서왕이 묻힌 무덤 옆 나무에 걸어놓고 떠났다(於是乃解其寶劍 繫之徐君塚樹而去).

그의 종자(從子)가 물었다.

"서왕은 이미 죽었는데 누구에게 주는 것입니까?"

그러자 계찰은 이렇게 대답했다.

"이미 선물하겠다고 대답한 이상 어찌 신용을 저버릴 수 있겠는가? 비록 입으로 대답한 적은 없지만 마음속으로는 확실히 대답했다(不然 始吾心已許之 豈以死倍吾心哉)."

여기에서 「심허(心許)」라는 성어가 생겨났다.

사마천(司馬遷)은 계찰의 인물됨을 평가하여, "연릉계자(延陵季子)의 어질고 덕성스런 마음과 도의(道義)의 끝없는 경치를 앙모한다. 조그마한 흔적을 보면 곧 사물의 깨끗함과 혼탁함을 알 수 있는 것이다. 어찌 그를 견문이 넓고 학식이 풍부한 군자가 아니라고 하겠는가!" 라고 했다.

훗날 계찰은 자신에게 맡겨진 왕위(王位)마저 사양하였다.

송미자세가(宋微子世家)

역자이식
易子而食　　　바꿀 易 아들 子 말이을 而 먹을 食

자식을 바꾸어서 먹는다는 말로, 대기근으로 인한 심한 굶주림을 이르는 말이다.

중국같이 평야가 끝없이 계속되는 지방에는 한번 큰 흉년이 밀어닥치면 수만 명의 굶주린 백성들이 초근목피를 찾아 헤매다가 급기야는 어린 자식을 서로 바꾸어 어른의 생명을 유지하려는 상상조차 하기 어려운 사태에까지 이른다고 한다.

그런 현상이 흉년이 아닌 전쟁으로 인해서도 가끔 일어나곤 했다.

《춘추좌씨전》 선공(宣公) 15년의 기록에, 송(宋)나라가 초(楚)나라의 포위를 당해 다섯 달을 계속 버티던 끝에 나중에는 먹을 것도 없고 밥 지을 땔감도 없어서 "자식을 바꿔서 먹고 뼈를 쪼개서 밥을 지었다(易子而食 析骸而爨)."는 사실이 적혀 있다.

또 같은 내용을 《사기》 송미자세가(宋微子世家)에는, "뼈를 쪼개어 밥을 짓고, 자식을 바꾸어 먹었다(析骸而炊 易子而食)."고 기록하고 있다.

《동주열국지(東周列國志)》에 보면 이때의 사정을 이렇게 말하고 있다.

"……우사(右師) 화원(華元)은 마지막 수단으로 술책을 써서 밤에 초나라 대장 공자 측(側)이 자는 방으로 들어가 칼을 겨누며 포위를 풀어줄 것을 요구했다. 이때 공자 측이 송나라 성중의 상황을 물었을 때, 화원은 이렇게 대답했다.

'자식을 바꾸어서 먹고 뼈를 주워서 밥을 짓고 있습니다……(易子而食 拾骨而爨……)'

그러자 공자 측은 놀라 물었다.

'병법에, 허하면 실한 체하고 실하면 허한 체한다 했는데 당신은 어째서 실정대로 말하십니까?'

'군자는 남의 위태로운 것을 불쌍히 여기고, 소인은 남의 불행을 다행으로 안다고 했습니다. 원수께서 군자이신 줄 알기 때문에 감히 숨기지 않았습니다.'

그러자 공자 측은, 초나라 역시 7일 먹을 양식(《사기》에는 사흘)밖에 없다는 것을 말하고, 이튿날 포위를 풀어 30리 후퇴할 것을 약속한다. 두 사람은 이것을 계기로 결의형제를 맺고 약속대로 이튿날 초나라 군사가 30리를 후퇴한다. 다음 두 나라는 강화를 하게 된다."

진세가(晉世家)

외불피구내불피친
外不避仇內不避親　　피할 避 원수 仇 가까울 親

"밖으로는 원수를 피하지 않고, 안으로는 친족을 피하지 않는다."라는 뜻으로, 인재를 등용할 때 사사로움에 치우치지 않고 공명정대한 태도를 비유하는 말이다.

춘추시대 진나라에 기해(祁傒)라는 공명정대한 대부가 있었는데 나이가 많아지자 진도공(晉悼公) 앞으로 나아가 벼슬을 그만두게 해달라고 청원하였다. 이에 진도공은 기해의 간청을 순순히 들어주는 동시에 그에게 재능 있는 사람을 후임으로 천거해 달라고 하였다.

"해호(解狐)가 적합한 줄 압니다."

기해가 이렇게 말하자, 진도공은 의아해 하며 물었다.

"해호는 경과 원수지간이 아닙니까?"

그러자 기해가 대답했다.

"대왕께서는 신더러 인재를 천거하라고 하지 않았습니까? 신에게 해호와 원수지간인지 아닌지를 물어보신 것은 아니었습니다."

이렇게 해서 진도공은 마침내 해호를 기해의 후임으로 쓰기로 결정하였다. 그런데 공교롭게도 해호는 부임 전에 그만 죽고 말았다. 진도공은 할 수 없이 다시 기해에게 다른 사람을 천거해 보라고 하였다.

"기오(祁午)가 적당한 줄 압니다."

기해는 즉석에서 기오를 천거하였다. 그러자 진도공은,

"아니, 기오는 경의 아들이 아닙니까?"

이번에도 놀라는 것이었다. 그러자 기해가 대답했다.

"대왕께서는 신에게 인재를 천거하라고 하지 않았습니까? 신은 기오가 신의 아들인지 아닌지에 대해서는 생각해보지 않았습니다."

이렇게 해서 진도공은 기오를 기해의 후임으로 삼았다는 이야기다.

공자(孔子)는 이 일을 두고 이렇게 말했다.

"밖으로 인재를 천거함에 원수라 하여 피하지 않았고, 안으로 인재를 천거함에 친족이라 하여 피하지 않았으니(外擧不避仇 內擧不避親), 기해야말로 진정으로 공평무사한 사람이다."

이와 같이 인재를 뽑아 씀에 있어서 원수지간이든 친자식이든 가리지 않고 공정하게 뽑아 쓰는 것을 이런 말로 비유하게 되었는데, 「친구불피(親仇不避)」라고도 한다.

초세가(楚世家)

천고청비
天高聽卑　　　하늘 天 높을 高 들을 聽 낮을 卑

하늘은 높은 곳에 있지만, 하계(下界)의 말을 잘 들으며, 그 옳고 그름을 엄정하게 판단하여 보답해 줌을 이르는 말.

춘추시대 초(楚)나라 혜왕(惠王)이 진(陳)나라를 멸망시켰다. 이때 형혹(熒惑)이 심수(心宿)라는 별자리에 들었다.

천문에서 형혹은 화성(火星)으로 동양 고대에서도 전쟁의 신이라 불려서 화성이 침범하는 별자리에 해당하는 나라는 불길의 징조로 여겼다.

심수라는 별자리는 동방(東方) 청룡(青龍) 7개의 별자리 가운데 중앙에 위치한 별인데 중국에서는 춘추시기 송(宋)나라의 지역에 해당한다고 여겼다. 당시 송나라의 임금이었던 경공(景公)이 걱정을 하였다.

그러자 천문을 관측하는 일을 맡아본 자위(子韋)가 말했다.

"흉조가 재상에게까지 옮겨갈 수도 있습니다."

그러자 경공이, "재상은 나의 팔과 다리와 같다."

자위가 또 이르기를, "흉조가 백성에게 옮겨갈 수도 있습니다."

그러자 경공이, "임금은 백성을 기다리는 존재다."

자위가 또 이르기를, "한 해의 경작으로 옮겨갈 수도 있습니다."

그러자 경공이 "한 해의 경작을 망쳐 백성이 굶주리면 나는 누구를 위한 군주란 말인가!?"

그러자 자위가 "하늘은 높지만 낮은 곳에서 듣습니다. 군주께서 군주다운 말씀을 세 번 하셨으니 형혹성에 변동이 있을 것입니다." 하고는 천문을 관측하니 과연 3도를 옮겨갔다는 이야기가 전해진다.

어떻게 경공이 이런 말을 했다고, 그 때문에 형혹성이 움직였겠는가? 다만 사람의 마음의 기틀인 심기(心機)는 외부세계와 연동되기 때문에 그 심술(心術)을 잘 써야 한다는 경계이다.

군주가 신하와 백성을 아끼는 마음을 하늘이 듣고 있다는 이야기인데, 천체가 높이 떠있는 것 같지만 귀는 땅에 대고 있다니 이게 바로 자기 수성(修省)의 경계일 것이다.

월왕구천세가(越王句踐世家)

상분지도
嘗糞之徒

맛볼 嘗 똥 糞 어조사 之 무리 徒

변을 맛보는 무리라는 뜻으로, 남에게 아첨하여 부끄러운 짓도 서슴없이 하는 사람들을 비유한 말.

목적을 이루기 위해서는 상대편의 변까지도 맛보아 아부하는 사람.

춘추전국시대 월(越)나라의 왕 구천(勾踐)은 오(吳)나라의 부차(夫差)에게 패하였는데, 항복한 것처럼 위장하였다. 이후 오나라에 끌려가 온갖 수모를 겪었을 때 그의 옆에는 충신 범려(范蠡)가 있어 늘 지극한 정성으로 받들어 모셨다.

어느 날, 부차가 구천을 죽이기 위해 그를 불렀다. 이때 부차는 병으로 자리에 누워 있었다. 이런 위기를 모면하기 위해 범려는 지혜를 발휘하였다.

범려는 원래 점쟁이였기 때문에 부차의 쾌차 날짜를 예견할 수 있었다. 범려는 구천에게 부차의 쾌차 예정일을 알려주었고, 또한 구천에게 부차 문병 시 부차의 변을 맛보고 나서 그의 쾌차 예정일을 이야기하라고 권하였다.

비록 붙잡혀 온 상태이지만 변을 맛보라는 것은 심한 모욕일 수밖에 없었다. 그러나 이것은 순간적인 치욕이라 생각하고 범려의 의견에 따르기로 하였다.

범려의 주문대로 실행하자, 예정일에 부차는 씻은 듯이 나았다. 이후 부차는 고마움을 표시하는 뜻으로 구천을 풀어주었다. 구천은 돌아온 다음 부차에게 복수할 그 날만을 와신상담(臥薪嘗膽)하면서 기다렸고, 결국 소기의 목적을 달성하였다.

와신상담 臥薪嘗膽

누울 臥 섶 薪 맛볼 嘗 쓸개 膽

섶에 누워 쓸개를 맛본다는 말이다. 원수를 갚을 생각을 잠시도 잊지 않고 괴롭고 어려움을 참고 견딘다는 말이다.

「와신상담」은 붙은문자이긴 하지만, 한 사람의 일이 아니고 각각 다른 두 사람의 이야기가 합쳐져서 생긴 말이다.

주(周)의 경왕(敬王) 24년 오왕 합려(闔閭)는 월왕 구천(勾踐)과 추리의 싸움에서 월의 군략에 걸려 패했다. 합려는 적의 화살에 손가락에 상처를 입었는데, 패주하는 바람에 충분한 치료를 하지 못한 채 겨우 경이라는 곳까지 도망쳤을 때, 갑자기 그 상처가 악화되어 죽었다.

임종 때 그는 반드시 월에 복수를 하여 자기의 분함을 풀어

주도록 태자인 부차(夫差)를 불러 유명(遺命)을 했다.

아버지의 뒤를 이어 오왕이 된 부차의 귀에는 언제나 그 아버지의 유명이 들렸다. 눈에는 언제나 분해 하던 임종시의 아버지 형상이 보였다.

그는 무슨 일이 있어도 아버지의 원한을 풀어 드려야겠다는 굳은 결의로 밤마다 장작 위에 누워(臥薪), 아버지의 유언을 새롭게 하며 복수심을 갈고 갈았다.

게다가 그는 자기 방 앞에 사람을 세워두고 들고 날 때마다 아버지의 유명을 소리쳐 말하게 했다.

"부차야, 아비 죽인 원수를 잊었느냐!"

부차는 그럴 때마다 이렇게 대답했다.

"결코 잊지 않겠습니다. 3년 내에 반드시 원수를 갚겠습니다!"

그것은 임종 때 그가 아버지에게 대답한 말과 똑같은 말이었다. 이리하여 그는 낮이고 밤이고 복수를 맹세하고, 오로지 군사를 훈련해서 때가 이르기를 기다렸다.

부차의 이 같은 소식을 들은 월왕 구천은 선수를 써서 오나라를 먼저 쳐들어갔으나 패하고 만다. 싸움에 크게 패한 구천은 겨우 5천 명 남은 군사를 거느리고 회계산에서 농성을 하지만 결국은 견디지 못하고 오나라에 항복을 하고 만다.

구천은 내외가 함께 오나라의 포로가 되어 범려(范蠡)와 함께 갖은 고역과 모욕을 겪은 끝에 영원히 오나라의 속국이 되기를 맹세하고 무사히 귀국하게 된다.

구천은 자기 나라로 돌아오자 일부러 몸과 마음을 괴롭히며, 자리 옆에는 항상 쓸개를 달아매어 두고, 앉을 때나 누울 때나 이 쓸개를 씹으며 쓴맛을 되씹었다. 또 음식을 먹을 때도 먼저 쓸개를 씹고 나서, "너는 회계의 치욕을 잊었느냐(汝忘會稽之恥邪)." 하고 자신에게 타이르곤 했다.

월왕 구천이 오나라를 쳐서 이기고 오왕 부차로 하여금 자살하게 만든 것은 이로부터 20년 가까운 뒷날의 일이었다. 「와신상담」이란 문자는 부차의 「와신」과 구천의 「상담」이 합쳐져 된 말이다.

長頸烏喙 (장경오훼)

길 長 목 頸 까마귀 烏 부리 喙

환난은 같이할 수 있으나, 안락은 같이 누릴 수 없는 사람.

「장경오훼」는 긴 목과 뾰족 나온 입을 말한다. 범려(范蠡)가 월왕 구천(句踐)을 평한 말이다. 인물됨이 편협하고 의심이 많아서 성취하고자 하는 일을 이루고 나면 협력자나 동지에게 등을 돌릴 사람됨을 일컫는다.

범려는 춘추시대 월(越)나라의 명신이었다. 그가 활약한 때는 오나라와 월나라 간의 숙명의 대결이 벌어지던 혼란한 시대였다. 「와신상담(臥薪嘗膽)」이니 「오월동주(吳越同舟)」니 하는 고사들이 다 이런 배경 속에서 나온 것이다.

오자서(伍子胥)의 활약으로 바야흐로 패자가 되기 위해 세력을 확장하려는 합려는 오랫동안 눈엣가시였던 월나라부터 평정하려 했던 것이다.

그러나 이 싸움에서 오히려 패해 합려도 이때 입은 부상으로 죽고 말았다. 그의 아들 부차(夫差)는 아버지의 원수를 갚기 위해 장작더미 위에서 자면서(臥薪) 복수의 칼을 갈았고, 마침내 3년 만에 월나라와의 싸움에서 이겨 월왕 구천을 회계산(會稽山)에 몰아넣었다. 부차는 오자서의 반대에도 불구하고 항복을 청해오는 구천을 용서해 주었다.

싸움에 크게 패한 구천은 겨우 5천 명 남은 군사를 거느리고 회계산에서 농성을 하지만, 결국은 견디지 못하고 오나라에 항복을 하고 만다. 구천은 내외가 함께 오나라의 포로가 되어 범려와 함께 갖은 고역과 모욕을 겪은 끝에 영원히 오나라의 속국이 되기를 맹세하고 무사히 귀국한다.

구천은 자기 나라로 돌아오자 일부러 몸과 마음을 괴롭히며, 자리 옆에는 항상 쓸개를 달아매어 두고, 앉을 때나 누울 때나 이 쓸개를 씹으며 쓴맛을 되씹었다. 또 음식을 먹을 때도 먼저 쓸개를 씹고 나서, "넌 회계의 치욕(會稽之恥)을 잊었느냐." 하고 자신을 타이르곤 했다.

월왕 구천이 오나라를 쳐서 이기고 오왕 부차로 하여금 자살하게 만든 것은 이로부터 20년 가까운 뒷날의 일이었다. 월왕 구천이 패자가 되고 나자, 그의 곁에서 충실히 보좌했던 범려는 월나라를 떠날 채비를 차렸다.

"큰 위세 밑에서는 오래 무사하기 힘들다."는 말을 남긴 범려는 제(齊)나라로 갔다. 제나라에 있게 된 범려는 월나라의 대부 종(種)에게 편지를 보냈는데, 그 내용 가운데 이런 말이 있다.

"나는 새가 다하면 좋은 활이 들어가고, 날랜 토끼가 죽으면 달리는 개가 삶긴다(蜚鳥盡 良弓藏 狡兎死 走狗烹). 월나라 임금의 사람됨이, 목이 길고 입이 까마귀처럼 생겼다(長頸烏喙). 환난은 같이할 수 있어도 즐거움은 같이할 수가 없다. 그대는 어찌하여 떠나가지 않는가?"

이를 읽은 대부 종은 병을 핑계로 조회에 나가지 않았다. 그러자 어떤 이가 그를 참소했다. 이에 대노한 월왕 구천은 종에게 검(劍)을 내려주면서 이 같은 말을 덧붙였다.

"그대는 과인에게 오나라를 치는 방법 7가지를 가르쳐 주었고, 나는 그 중 셋을 써서 오를 이겼다. 나머지 넷은 그대에게 있으니 어디 선왕(先王)을 위해서 써보라."

이는 죽어 선왕이 계신 지하에나 가서 써보라는 말로서, 곧 보내준 검으로 자결하라는 뜻이었다. 결국 대부 종은 범려의 말을 듣지 않아 월왕 구천에게 죽고 말았다.

會稽之恥 (회계지치) 모을 會 머무를 稽 의 之 부끄러울 恥

전쟁에 패한 치욕. 뼈에 사무쳐서 잊을 수 없는 치욕을 이르는 말.

춘추전국시대 오나라는 오자서(伍子胥)와 손무(孫武)의 계책에 의하여 서쪽으로는 강한 초나라를 깨뜨리고, 북쪽으로는 제(齊)나라와 진(晋)나라를 위협했으며, 남쪽으로는 월(越)나라를 복종시켰다.

기원전 496년, 오(吳)나라 왕 합려(闔閭)는 월(越)나라로 쳐들어갔다가 월왕 구천(勾踐)에게 패하였다. 이 전투에서 합려는 화살에 맞아 심각한 중상을 입었다.

병상에 누운 합려는 죽기 전 그의 아들 부차(夫差)를 불러 이 원수를 갚을 것을 유언으로 남겼다. 부차는 가시가 많은 장작 위에 자리를 펴고 자며(臥薪), 방 앞에 사람을 세워 두고 출입할 때마다 "부차야, 아비의 원수를 잊었느냐!" 하고 외치게 하였다. 부차는 매일 밤 눈물을 흘리며 아버지의 원한을 되새겼다. 부차의 이와 같은 소식을 들은 월나라 왕 구천은 기선을 제압하기 위해 오나라를 먼저 쳐들어갔으나 대패하였고 오히려 월나라의 수도가 포위되고 말았다.

싸움에 크게 패한 구천은 얼마 남지 않은 군사를 거느리고 회계산(會稽山)에서 농성을 하였으나 견디지 못하고 오나라에 항복하였다. 포로가 된 구천과 신하 범려(范蠡)는 3년 동안 부차의 노복으로 일하는 등 갖은 고역과 모욕을 겪었고, 구천의 아내는 부차의 첩이 되었다. 그리고 월나라는 영원히 오나라의 속국이 될 것을 맹세하고 목숨만 겨우 건져 귀국하였다.

그는 돌아오자 잠자리 옆에 항상 쓸개를 매달아 놓고 앉거나 눕거나 늘 이 쓸개를 핥아 쓴맛을 되씹으며(嘗膽), "너는 회계의 치욕(會稽之恥)을 잊었느냐!" 하며 자신을 채찍질하였다. 이후 오나라 부차가 중원을 차지하기 위해 북벌에만 신경을 쏟는 사이 구천은 오나라를 정복하고 부차를 생포하여 자살하게 한 것은 그로부터 20년 후의 일이다. 이와 같이 「와신상담」은 부차의 「와신(臥薪)」과 구천의 「상담(嘗膽)」이 합쳐서 된 말로 「회계지치」라고도 한다.

천금지자불사어시
千金之子不死於市 돈 金 죽을 死 어조사 於 저자 市

돈만 있으면 죽을 목숨도 건진다.

천금을 가진 사람의 아들은 죽을죄를 지어도 시장바닥에 끌려 나가 사형을 당하지 않는다는 말이다. 돈의 위력을 말한 속담이다.

요즈음 우리 사회에서 흔히 듣는 말 가운데 「유전무죄 무전유죄(有錢無罪 無錢有罪)」란 자조적인 말이 있다. 돈만 있으면 있는 죄도 면할 수 있고, 돈이 없으면 없는 죄도 뒤집어 쓴다는 말이다.

"돈만 있으면 귀신도 부린다(有錢使鬼神)." 고 한 위진(魏晋)시대의 유행어도 이와 같은 뜻이다.

범려에 대한 이야기는 다른 곳에서 여러 번 언급된 일이 있으므로 여기서는 이 말에 관한 이야기만을 하기로 한다.

범려가 도주공(陶朱公)이란 이름으로 억만장자가 된 뒤의 이야기다. 범려가 도(陶)란 곳으로 와서 늦게 작은아들을 보았는데, 그 아들이 장성했을 때 범려의 둘째아들이 사람을 죽이고 초나라에 갇혀 있었다.

범려는 소식을 듣자, "사람을 죽였으면 죽는 것이 당연한 일이다. 그러나 내가 들으니, '천금을 가진 집안의 자식은 시장바닥에서 죽지 않는다' 고 했다." 하니, 어디 돈으로 한번 해결해 보자, 하고 작은아들을 시켜 가보라고 했다.

범려가 순금 천 일(溢)을 한 자루 속에 숨겨 소가 끄는 수레에 실어 작은아들을 떠나보내려고 하는데, 큰아들이 제가 가겠다고 야단이었다.

범려가 듣지 않자, "집에 큰 자식이 있는데도 굳이 어린 동생을 보내시려 하니, 이것은 저를 못난 놈으로 생각하시기 때문입니다. 아버지에게 못난 자식 취급을 받을 바엔 차라리 죽고 말겠습니다." 하고 설쳐댔다.

그러자 범려의 부인이 보다 못해, "여보 영감, 지금 작은 자식을 보낸다고 해서 둘째 녀석이 꼭 살아오는 것이 아니잖습니까. 죽을 자식 살리기 전에 산 자식 먼저 죽이게 생겼으니, 이를 어쩌면 좋습니까." 하고 하소연을 했다.

범려는 하는 수 없이 큰아들을 보내기로 하고 그에게 밀봉한 편지 한 통을 주며, "이것은 나와 아주 친한 장(莊)선생에게 보내는 편지다. 초나라에 도착하는 즉시 편지와 함께 천금을 장선생께 드리고 그 분이 시키는 대로 해라. 절대로 네 의견을 말해서는 안된다." 하고 타일렀다.

큰아들이 초나라에 가서 장생(莊生)의 집을 찾아가니 가난하기가 이루 말할 수가 없었다. 그러나 아버지 분부대로 편지와 돈 천금을 주었다.

편지를 본 장생은, "알았네. 급히 집으로 돌아가게. 절대로 머물러 있어서는 안되네. 동생이 곧 나오게 될 걸세. 어떻게 나오게 되는지 까닭은 묻지 말게." 하고 타일렀다.

그러나 큰아들은 여관에 묵으면서 자기 나름대로 세도 쓰는 귀인을 찾아 교제를 하곤 했다.

장생은 비록 가난하나 청렴한 학자로서 초왕 이하 모든 대신들이 스승처럼 존경하고 있었다. 범려가 준 돈 천금은 받을 의도가 아니고, 일이 끝나면 도로 돌려보내 줄 작정이었다. 처음부터 받지 않으면 친구의 부탁을 거절하는 뜻이 되기 때문이다.

장생은 한가한 틈을 타서 초왕을 뵙고 이렇게 천연스럽게 말했다.

"이러이러한 별이 지금 이러이러한 곳에 나타나 있으니, 이것은 초나라에 불길한 징조입니다."

초왕은 장생을 믿는 터라, 어떻게 하면 그것을 미리 막을 수 있겠느냐고 물었다.

"오직 착한 덕만이 이를 없앨 수 있습니다."

"알겠소. 내 곧 전국에 대사령을 내리겠소." 하고 왕은 곧 각 창고의 문을 봉하고 물자의 출납을 일체 금지시켰다.

범려 큰아들의 교제를 받은 귀인이 이 소식을 듣자 즉시 그에게 머지않아 특사가 있을 거라고 전했다.

그러자 까닭을 알지 못하는 범려의 큰아들은 공연히 천금을 장생에게 던져 준 것이 속이 쓰려 견딜 수가 없었다. 그는 생각다 못해 다시 장생을 찾아갔다. 장생은 깜짝 놀라며 어째서 아직 가지 않았느냐고 물었다.

"아우 일로 왔는데, 아우가 절로 풀려났으니 인사나 하고 가려고 왔습니다."

장생은 내심 그가 주고 간 천금을 다시 찾으러 온 것임을 알아차리고, "방에 자네가 가져온 돈이 그대로 있으니, 들어가 가지고 가게." 하고 말했다.

아들은 서슴지 않고 방으로 들어가 돈을 들고 나오며 속으로 좋아 어쩔 줄을 몰랐다.

철없는 놈에게 팔린 꼴이 된 것이 장생은 괘씸했다. 그는 다시 초왕을 만났다.

"그런데 도중에 들리는 소리가, 이번 특사는 대왕께서 백성들을 불쌍히 생각해서가 아니라 도주공의 아들이 사람을 죽이고 갇혀 있어 왕의 좌우에게 뇌물을 바친 때문에 내려진 특사라고들 하옵니다."

이 말을 들은 초왕은 노한 끝에 먼저 도주공의 아들을 처형시킨 뒤 이튿날 대사령을 내렸다. 큰아들은 죽은 아우의 시체를 싣고 집으로 돌아왔다.

그 어머니와 고을 사람들이 다 슬퍼했다. 그러나 범려만은 혼자 쓴웃음을 지으며 이렇게 말했다.

"보낼 때부터 제 아우를 기어코 죽여서 돌아올 줄 알았다. 제 아우를 사랑하지 않아서가 아니다. 놈은 이 아비와 함께 돈 벌기가 얼마나 어려운지를 체험해 왔기 때문에 천금을 차마 버리고 올 수 없었던 것이다. 내가 작은 자식을 보내려 했던 것은 놈이 돈 아까운 줄을 모르고 자라났기 때문이다. 나는 매일같이 시신이 돌아오기만을 기다리고 있었다. 죽게 되어 죽은 자식을 슬퍼할 것이 무엇 있겠는가?"

자수성가한 사람들은 깊이 한 번씩 생각해 볼 이야기다.

범려와 서시

위세가(魏世家)

가빈사양처 국란사양상
家貧思良妻 國亂思良相

집안이 가난하면 어진 아내를 그리게 되고, 나라가 혼란하면 훌륭한 재상을 그리게 된다는 뜻으로, 어려운 시기에는 유능하고 어진 인재가 필요하게 됨을 뜻하는 말이다.

위나라 문후(文侯)가 재상 임명을 위해 이극(李克)에게 자문을 요청하면서 나눈 대화다.

위문후가 이극에게 말했다.

"선생께서 과인에게 말씀하시기를, '집안이 가난하면 어진 아내를 그리게 되고, 나라가 혼란하면 훌륭한 재상을 그리게 된다(家貧思良妻 國亂思良相)'라고 하셨습니다. 제 동생인 성자(成子)와 적황(翟璜) 가운데 누가 재상에 적합하다고 생각하십니까?"

이에 이극은 문후에게 다음의 다섯 가지를 진언하였다.

"평소에 지낼 때는 그의 가까운 사람을 살피고, 부귀할 때에는 그와 왕래가 있는 사람을 살피고, 관직에 있을 때에는 그가 천거한 사람을 살피고, 곤궁할 때에는 그가 하지 않는 일을 살피고, 어려울 때에는 그가 취하지 않는 것을 살피십시오."

위나라 재상이 된 사람은 바로 성자(成子)였다. 비록 문후의 동생이었지만, 그는 자신의 소득 중 1할만을 생활에 쓰고, 나머지 9할은 어려운 사람들을 위해 사용하였다. (어진 아내로서의) 역할을 하였고, (어진 재상으로서도) 적임자였던 것이다. 「가빈사양처」는 어려운 시기에는 유능하고 어진 인재가 필요하게 된다는 것을 뜻한다.

救火投薪 (구화투신) 구할 救 불 火 던질 投 섶나무 薪

섶을 던져 불을 끈다는 뜻으로, 재난을 구하려다가 도리어 더 크게 하거나 자멸함을 비유하여 이르는 말.

전국시대 말, 국력이 나날이 강대해진 진(秦)나라는 범수(范雎)가 주창한 「원교근공(遠交近攻)」정책을 펴 가까운 나라를 끊임없이 침략해 영토를 확장해 갔다. 이 정책으로 인해 위(魏)나라도 진나라로부터 연거푸 침공당해 영토를 점령당했다.

이렇듯 진나라의 영토 침공이 계속되자, 위의 백성들은 진을 두려워해 저항조차 하지 않았다. 이때 위나라 장수 단간자(段干子)가 남양(南陽)을 할양(割讓)하고 강화를 맺을 것을 왕에게 건의했다.

그러자 전술가 소대(蘇代)가 왕에게 말했다.

"단간자의 본심은 왕위를 빼앗는 것이고, 진나라의 목적은 위나라를 병합하는 것이므로 화의를 맺어도 침공은 그치지 않을 것입니다. 그러므로 진나라에 땅을 할양하는 것은 '땔나무를 던져 불을 끄려는 것(救火投薪)' 과 같아, 땔나무가 없어지지 않는 한 불은 꺼지지 않듯이, 땅을 할양하는 것도 이와 마찬가지입니다."

그러나 위 왕은 소대의 충고를 받아들이지 않고 남양을 진나라에 할양하고 화의를 제의하기로 했다. 그러나 진나라는 소대의 말대로, 화의를 맺고도 계속해서 위를 침공해 땅을 빼앗았다. 위는 마침내 저항할 힘을 잃고 BC 255년 진나라에 의해 멸망당했다.

전경중완세가(田敬仲完世家)

호 구 수 폐 불 가 보 이 황 구 지 피
狐裘雖敝 不可補以黃狗之皮

여우 狐 갖옷 裘 해질 敝 기울 補 게 狗

여우가죽의 옷이 해졌더라도 그것을 깁는 데 개가죽을 써서는 안된다.

{여우 가죽으로 만든 옷은 아무리 해졌더라도 개 가죽으로 대신 기울 수는 없다. 곧 군자가 지금은 비록 아무리 힘을 못 쓰게 되었더라도 소인으로 그를 대신할 수는 없는 것이다.}

공자세가(孔子世家)

도 불 습 유
道不拾遺　　　　길 道 아니 不 주울 拾 잃을 遺

선정이 베풀어져 세상이 잘 다스려지고, 백성들의 도덕심이 높음.

「노불습유(路不拾遺)」라고도 한다. 나라가 태평하고 민심이 순박해서 남의 것을 탐내지 않는 사회가 된 것을 단적으로 표현한 말이다.

원래는 선정(善政)의 극치를 표현해서 한 말이었는데, 상앙(商鞅)의 경우와 같이 법이 너무 엄해서 겁을 먹고 길에 떨어진 것을 줍지 못하는 예도 있었다.

공자가 노나라 정승으로 석 달 동안 정치를 하게 되자, 송아지나 돼지를 팔러 가는 사람이 아침에 물을 먹이는 일이 없고, 길에 떨어진 것을 줍는 사람이 없었다고 전한다.

돼지나 소에게 물을 먹여 팔러 가지 않는다는 것은 오늘의 우리 도축업자들이 곱씹어 봐야 할 말이다.

또 정나라 재상 자산(子産)은 공자가 형처럼 대했다는 훌륭한 정치가였는데, 그는 정승이 되자 급변하는 정세를 잘 파악하여 국내의 낡은 제도를 개혁하는 한편, 계급의 구별 없이 인재를 뽑아 쓰고, 귀족에게 주었던 지나친 특권을 시정하여 위아래가 다 같이 호응할 수 있는 적당한 선에서 모든 정책을 이끌어 나갔기 때문에 나라가 태평을 이루어 도적이 자취를 감추고 백성들이 길에 떨어진 것을 줍지 않게 되었다고 한다.

《한비자》 외저설좌상편(外儲說左上篇)에 보면 자산의 정치성과에 대한 이야기가 나온다. 정나라 임금 간공(簡公)은 자기 스스로의 부족함을 자책하는 한편, 새로 재상에 임명된 자산에게 모든 정치를 바로잡는 책임을 지고 과감한 시책을 단행할 것을 당부했다.

그래서 자산은 물러나와 재상으로서 정치를 5년을 계속했는데, 나라에는 도적이 없고(國無盜賊), 길에는 떨어진 것을 줍지 않았으며(道不拾遺), 복숭아와 대추가 거리를 덮고 있어도 이를 따 가는 사람이 없었으며, 송곳이나 칼을 길에 떨어뜨렸을 때도 사흘 후에 가보면 그 자리에 그대로 있었고, 3년을 흉년이 들어도 백성이 굶주리는 일이 없었다고 했다.

맹자는 말하기를, "사람은 물과 불이 없으면 못 산다. 그런데 밤에 길 가던 사람이 물과 불을 청하면 안 줄 사람이 없는 것은 너무도 흔하기 때문이다. 만일 먹을 것이 물과 불처럼 흔하다면 어느 누가 착하지 않을 수 있겠는가."라고 했다.

도적을 없애는 근본문제도, 길에 떨어진 것을 줍지 않게 되는 까닭도 역시 그 바탕은 먹는 문제를 해결해 주는 데 있다.

같은 「도불습유」가 상앙의 준열 가혹한 법치정책과 공자의 온용덕화(溫容德化) 정책과 상반되는 두 개의 정치에서 나온 것이 재미있다.

이 이야기는 나라가 잘 다스려지고 있다는 대명사로 쓰이고 있다.

喪家之狗(상가지구) 초상 喪 집 家 의 之 개 狗

우리말에 「초상집 개」란 말이 있다. 그것이 바로 「상가지구(喪家之狗)」다. 초상집 개는 주인이 슬픔에 잠겨 미처 개를 돌볼 정신이 없어 배가 고파도 먹지를 못한 채 주인의 얼굴을 찾아 기웃거리기만 한다.

그래서 뜻을 얻지 못하고 이리저리 돌아다니는 정치인이나 사업가들의 실의에 찬 모습을 가리켜 「상가지구」, 즉 「초상집 개」 같다는 말을 하게 된다.

이것은 공자를 보고 어떤 은사(隱士)가 한 말이었는데, 뒤에 그 이야기를 전해들은 공자가 웃으며, "그것만은 올바로 본 표현." 이라고 했다는 데서 시작된 말이다.

노(魯)의 정공(定公) 14년, 공자는 노나라에서 선정을 펴고 있었으나 왕족인 삼환씨(三桓氏)와 의견이 맞지 않아, 마침내 노나라를 떠났다.

이리하여 그때부터 공자는 10여 년 동안 위(衛) · 조(曹) · 송(宋) · 정(鄭) · 채(蔡) 등 널리 제국 편력에 나날을 보내고 그의 이상을 실현할 곳을 찾았다.

공자가 정(鄭)나라로 갔을 때의 일이다. 제자들과 길이 어긋난 공자는 혼자 성곽 동문에 멀거니 서서 제자들이 찾으러 오기를 기다리고 있었으나, 그때 그 모습을 본 어느 정나라 사람이 스승을 찾고 있는 제자들과 만나 자공(子貢)에게 말했다.

"동문 곁에 서 있는 사람은, 그 이마는 요(堯)임금과 비슷하고, 그 목은 고요(皐陶 : 순임금과 우임금을 섬기던 賢相)와 같고 그 어깨는 자산(子産 : 공자보다 좀 앞선 시대의 정나라 현상)처럼 전부가 옛날 성현이라 불리던 사람들과 꼭 비슷합니다. 그러나 허리에서 아래는 우(禹)에 미치지 못하기를 세치, 그 피로하고 뜻(志)을 얻지 못하고 두리번거리는 모양이 흡사 초상난 집 개 같습디다."

결국 공자가 위대한 성인의 덕과 정치인의 자질을 가지고는 있지만, 때를 얻지 못해 처량한 신세를 면치 못한다는 것을 진담 반 농담 반 한 말일 것이다. 자공이 사실대로 공자에게 이 말을 전하자, 공자는 흔연히 웃으며 이렇게 말했다는 것이다.

"형상은 그렇지 못하지만, 초상집 개 같다는 것은 과연 그렇다(形狀未也 而似喪家之狗 然哉然哉)."

「초상집 개」란 여기서 유래하나, 공자는 그 편력하는 동안에 자기를 쓰려는 군주를 만나지 못해, 그 품고 있는 사상을 살리지 못하고 아픈 마음을 안고서 마치 초상집 개 모양 심신이 지칠 대로 지쳐 노나라로 돌아갔다.

韋編三絶(위편삼절) 가죽 韋 책끈 編 석 三 끊을 絕

가죽으로 맨 책의 끈이 닳아 끊어질 정도로 독서에 힘씀.

공자가 만년에 《주역》을 좋아해서 어찌나 여러 번 읽고 또 읽고 했든지, 대쪽을 엮은 가죽 끈이 세 번이나 끊어졌다고 한 데서 나온 말이다.

즉, "공자가 늦게 《역(易)》을 좋아하여……역을 읽어 가죽 끈이 세 번 끊어졌다(孔子晩而喜易 序彖系象說卦文言 讀易 韋編三絕)." 고 했다.

그래서 공자 같은 성인으로서도 학문 연구를 위해서는 피나는 노력을 해야만 했다는 한 예로서 이 말이 인용되기도 하고, 또 후인들의 학문에 대한 열의를 나타내는 말로도 인용되곤 한다.

서양의 명언에도 "There is no royal road to learning." (학문에 왕도란 없다)라고 했다. 또 "Genius is one percent inspiration and ninety-nine percent perspiration." {천재는 99퍼센트가 땀(노력)이고 1 퍼센트만이 영감이다}라는 에디슨의 명언과 같이 공자의 위대한 문화적 업적 가운데는 이 「위편삼절」과 같은 노력이 숨어 있었다는 것을 알 수 있다.

공자는 스스로를 평하기를, "나는 발분(發憤)하여 밥 먹는 것도 잊고, 즐거움으로 근심마저 잊은 채, 세월이 흘러 몸이 늙어가는 것조차 모른다." 고 했다.

공자는 또 음악을 좋아했는데, 제나라로 가서 소(韶)라는 음악을 들었을 때는 석 달 동안 고기 맛을 모를 정도로 열중한 끝에, "내가 음악을 이렇게까지 좋아하게 될 줄은 미처 몰랐다." 고 했다.

招搖過市 (초요과시)　　부를 招 흔들릴 搖 지날 過 저자 市

"남의 이목을 끌도록 요란스럽게 저자거리를 지나간다." 라는 뜻으로, 허풍을 떨면서 남들의 주의를 끌다. 즉 허장성세(虛張聲勢)로 사람들의 이목을 끄는 것을 비유하는 말이다.

공자가 위(衛)나라에 가서 거백옥의 집에 머물 때, 위나라 영공(靈公)의 부인인 남자(南子)가 사람을 보내 면회를 청했다. 공자는 처음에는 사양하였으나, 남자가 거듭 사람을 보내 요청하자 하는 수 없이 만나러 갔다.

남자는 휘장을 드리우고 공자를 만났는데, 패옥(佩玉)이 부딪치는 소리가 요란스럽게 들렸다. 이러한 행동은 예의에 맞지 않는 것이었다.

그래서 공자는 자로에게 말했다.

"나는 그녀를 만나고 싶지 않았으나, 기왕에 만났으니 예로써 대해 주어야겠다."

그러자 자로는 싫은 내색을 했다. 그러자 공자가 말했다.

"내가 잘못이라면 하늘이 나를 미워할 것이다."

위나라에 머문 지 한 달이 지났을 무렵, 영공과 부인 남자는 함께 수레를 타고 행차하였다.

그런데 환관 옹거는 수레에 함께 태우고, 공자에게는 뒷수레를 타고 따라오게 하면서 요란스레 저잣거리를 지나갔다(使孔子爲次乘 招搖過市之).

공자는 이를 두고, "나는 덕(德)을 좋아하기를 색(色)을 좋아하는 것과 같이 하는 자를 보지 못하였다."라고 했다.

그리고는 영공이 자신을 그와 같이 대하는 것을 치욕으로 여기고 위나라를 떠나 조(曹)나라로 갔다.

공 자

진섭세가(陳涉世家)

연 작 안 지 홍 곡 지 지
燕雀安知鴻鵠之志

제비 燕 참새 雀 어찌 安 알 知 큰기러기 鴻 백조 鵠 뜻 志

"제비와 참새 같은 것이 어찌 하늘 높이 날려는 기러기의 마음을 알 수 있겠느냐?" 라는 뜻으로, 소인들은 큰 인물의 원대한 이상을 알지 못한다는 말이다.

멀리 하늘을 날아오를 포부를 가지고 있는 영웅호걸의 큰 뜻을 평범한 사람들이 어떻게 이해할 수 있겠느냐 하는 비유다.

군웅이 할거해서 해마다 수십만의 생명을 전쟁으로 죽게 한 긴 전국시대가 종막을 고하자, 통일천하의 위대한 업적을 이룩한 진시황(秦始皇)은 전쟁을 영원히 없애기 위해 무기라는 무기를 다 거두어 불에 녹여 없애는 한편 사상과 이론을 통일할 목적으로 반체제적인 서적을 불사르고 사람들을 구덩이에 묻어 죽이는 이른바 「분서갱유(焚書坑儒)」를 감행했다.

그리고는 북쪽에 있는 이민족들의 침입을 막기 위해 만리장성을 쌓고, 자기 자손이 천만 대나 계속 황제노릇을 하게 된다는 전제 아래, 자기가 첫 황제, 즉 시황제가 되고 그 다음부터는 2세, 3세로 부르게 하는 새 제도를 창립했다.

그러나 시황의 그런 꿈은 그가 죽는 그 순간에 무너지고 겨우 2세 황제로서 진나라 제국은 멸망하고 만다. 이 진나라 제국을 멸망으로 몰고 가는 첫 봉화를 올린 것이 진승(陳勝)이었다. "연작이 안지홍곡지지아." 하고 탄식을 한 것은 바로 이 진승이다.

〈진섭세가(陳涉世家)〉에는 그 첫머리에 이렇게 씌어 있다.

진승은 양성(陽城) 사람으로 자를 섭(涉)이라 했다.……진섭은 젊었을 때 사람들과 함께 남의 집 농사일을 도와주고 품삯을 받아 생활을 했다. 어느 날, 동료들끼리 밭을 매고 있을 때, 진승은 갑작스레 괭이를 내던지고 언덕으로 올라가 잠시 동안 창연히 하늘을 우러러보았다.

그의 가슴은 진(秦)의 압정에 대한 분통과 자기들의 비참한 환경에 대한 원한으로 가득 차 있었다. 그러나 그의 가슴은 또한 장래에 대한 야망에 불타고 있었던 것이다.

잠시 후, 그는 동료들을 돌아보며 말했다.

"우리 다 같이 이 뒷날 부귀를 하게 되거든 오늘의 이 정리를 잊지 않기로 합시다." 하고 말했다.

그러자 주인이 웃으며 대답했다.

"품팔이하는 신세에 대체 부귀가 무슨 놈의 부귀인가?"

말한 본전도 못 찾게 된 진섭은 크게 한숨을 내쉬며 말했다.

"제비와 참새가 어찌 기러기의 마음을 알겠는가(燕雀安知鴻鵠之志)?"

또 "임금과 장군과 재상이 어찌 씨가 따로 있겠는가(王侯將相 寧有種乎)?" 하고 말한 것도 이 진승이다.

王侯將相寧有種乎 (왕후장상영유종호)

제후 侯 장수 將 어찌 寧 씨앗 種

"왕후장상이 영유종호아(王侯將相 寧有種乎)?" 하는 문자는 위인전기의 선전 광고 같은 데 흔히 쓰이는 문자다. "왕이나 제후, 장수나 재상이 어찌 씨가 따로 있을 것인가?" 하는 뜻이다. 결국 부귀영화는 실력만 있으면 누구나 차지할 수 있다는 이야기다.

"제비와 참새가 어찌 기러기의 마음을 알겠느냐(燕雀安知鴻鵠之志)." 고 한 진승(陳勝)의 말을 같은 제목에서 약간 비친 바 있지만, 그 다음 이야기에 진승의 이 같은 말을 우리는 또 보게 된다.

진시황이 죽고 2세가 천자가 된 것을 알자, 도처에서 반란이 요원의 불길(燎原之火)처럼 번져 가고 있었는데, 그 불을 처음 지른 것이 진승이었다.

2세가 등극을 한 첫 해, 진승은 오광(吳廣)과 함께 징발을 당해 모두 9백 명의 장정이 수비병으로 북쪽으로 끌려가게 되었다. 그러나 마침 장마철을 만나 길이 끊기는 바람에 기한 내에 지정된 장소까지 갈 수 없게 되었다. 날짜를 어기면 진나라 법에는 무조건 사형을 당하게 되어 있다.

진승은 오광과 상의하여 반란을 일으키기로 하고 먼저 인솔 책임자인 두 장교를 죽였다. 그리고 9백 명의 장정들을 한자리로 모은 다음 진승은 한바탕 열변을 토했다.

"여러분은 나와 함께 비를 만나 날짜에 대어 갈 수 없게 되었다. 시기를 놓치면 죽는 것은 누구나가 아는 사실이다 설혹 사형을 면한다 해도 변방을 수비하는 사람들은 열이면 일곱은 죽기 마련이다. 또 장부가 죽지 않으면 모르되, 이왕 죽을 바엔 대의명분을 위해 죽어야 할 것이 아닌가. 여러분! 왕후와 장상이 어떻게 씨가 따로 있을 수 있겠는가(王侯將相 寧有種乎)?"

그러자 사람들은 일제히 "옳소, 옳소!" 하는 소리를 외치며 시키는 대로 할 것을 맹세했다. 이리하여 진승의 목숨을 건

모험은 성공을 보게 되었다. 가는 곳마다 성과 도시를 쳐서 이를 손아귀에 넣고, 군사를 점점 불려 진(陳)에 도달했을 때는 수레가 6, 7백 대나 되었고, 말이 천 필에 보병이 수만을 헤아리게 되었다.

진을 함락시킨 진승은 여기에 근거를 정하고 그 자신 왕위에 올라 나라 이름을 장초(張楚)라 불렀다. 마침내 그의 말대로 씨가 따로 없이 왕이 되어 부귀를 얻게 된 것이다.

진승이 성공했다는 소문이 한번 전해지는 순간, 각지의 호걸들은 진나라 관리들을 죽이고 군사를 일으켜 진승에 호응했다.

그러나 복잡한 정세 속에 남을 의심한 진승은 사람을 올바로 쓰지 못하고 결국 남의 손에 죽고 만다. 그러나 그가 던진 씨는 마침내 진나라를 멸망시키는 결과로 나타났다.

진 승

외척세가(外戚世家)

윤형피면
尹邢避面　　미쁠 尹 나라이름 邢 피할 避 얼굴 面

"윤씨(尹氏)와 형씨(邢氏)가 얼굴을 피하다." 라는 뜻으로, 서로 질투하거나 반목하여 만나기를 꺼려하는 것을 비유하는 말이다.

한무제에게는 총애하는 부인이 둘 있었는데, 한 사람은 윤씨이고 다른 사람은 형씨였다.

두 여인은 절색의 미인이었다고 하는데, 한무제는 두 여자 사이의 질투를 막기 위해서 서로 만나지 못하게 하였으며, 다른 사람들에게도 두 여인이 만날 기회가 생기지 않도록 엄명을 내렸다고 한다.

어느 날, 윤부인은 형부인을 만나게 해달라고 한무제를 졸랐다. 한무제는 할 수 없이 다른 미녀를 형부인으로 위장시킨 다음 시녀들의 호위 아래 만나게 하였더니, 윤부인은 한눈에 그가 가짜임을 알아보았다고 한다. 한무제가 의아해서 어떻게 알았느냐고 물었더니, 윤부인이 대답했다.

"그의 외모라든가 풍도로 보아 폐하의 총애를 받을 사람이 아닙니다."

한무제가 다음에는 형부인으로 하여금 초라한 옷차림으로 치장도 않게 한 뒤 만나게 했더니 윤부인은 멀리서 벌써 알아보고 "이 사람이야말로 형부인이다. 실로 내가 그녀보다 못하다."라고 말하면서 고개를 떨어뜨리고는 울었다는 것이다.

한무제

소상국세가(蕭相國世家)

犬馬之勞(견마지로) 개 犬 말 馬 갈 之 힘쓸 勞

개나 말의 하찮은 힘이라는 뜻으로, 임금이나 나라에 충성을 다하는 노력, 윗사람에게 바치는 자기의 노력을 낮추어 말할 때 쓰는 말이다.

본래는 개나 말 같은 하찮은 것의 힘 또는 수고를 가리키는 말이었으나, 뒤에 임금이나 나라를 위해 바치는 자신의 노력을 겸손하게 이르거나, 또는 주인이나 나라를 위해 충성을 다하는 것을 비유하는 관용어로 굳어졌다.

「견마」는 신분이 낮거나 미천한 사람을 가리키는 용어로, "개나 말 같은 비천한 것."을 가리켜「견마지류(犬馬之類)」라고 한 데서도 알 수 있다.

유사한 표현으로, 〈소상국세가〉에「한마공로(汗馬功勞)」라는 말이 나오고, 《한비자》 오두편에는 「한마지로(汗馬之勞)」라는 말이 나온다.

모두 전쟁에서 세운 큰 공로나 탁월한 업적을 비유하는 말로서, 나라를 위해 전장에서 땀을 흘리며 충성을 다한다는 뜻이다.

같은 뜻을 지닌 한자어로는 「견마지성(犬馬之誠)」, 「견마지심(犬馬之心)」이 있고,

비슷한 의미를 지닌 한자어로는 「진충갈력(盡忠竭力)」, 「분골쇄신(粉骨碎身)」, 「구마지심(狗馬之心)」 등이 있다.

한신 · 소하 · 장량

유후세가(留侯世家)

인 생 일 세 간　여 백 구 과 극
人生一世間 如白駒過隙 망아지 駒 지날 過 틈 隙

인생의 한 세상은 마치 흰 말이 달려가는 것을 문틈으로 보는 것 같다. 여기서 「백구과극(白駒過隙)」 고사가 생겨난 것이다.

즉 세월이 빨리 흐르는 것을 비유하는 말이다.

"인생의 한 세상은 마치 흰 말이 달려가는 것을 문틈으로 보는 것처럼 순식간이다. 어찌 스스로 괴로워하는 것이 이와 같음에 이르겠는가(人生一世間 如白駒過隙 何至自苦如此乎)."

생물은 이를 슬퍼하고 사람들도 애달파한다. 죽음이란 화살이 활통을 빠져나가고 칼이 칼집에서 빠져나가는 것처럼 분주하고 완연하니, 혼백이 장차 가려고 하면 몸도 이를 따르는 법이다.

이 얼마나 거대한 돌아감인가!

《장자》 지북유편에도 이런 말이 있다.

"사람이 천지 사이에서 사는 것은 흰 말이 빈 틈새를 달려 지나가는 것과 같이 순간일 뿐이다(人生天地之間 若白駒之過

隙). 모든 것들은 물이 솟아나듯 문득 생겨났다가 물이 흘러가듯이 아득하게 사라져 간다. 일단 변화해서 생겨났다가 다시 변화해서 죽는 것이다(忽然而已 注然勃然 莫不出焉 油然流然 莫不入焉 已化而生 又化而生)."

「백구과극(白駒過隙)」과비슷한 말로「광음여류(光陰如流)」,「광음여시(光陰如矢)」,「일촌광음(一寸光陰)」이 있다.

충언역이이어행 독약고구이어병
忠言逆耳利於行 毒藥苦口利於病

우리가 격언으로 또는 속담으로 자주 쓰는 말에, "좋은 약은 입에 쓰고 바른 말은 귀에 거슬린다."는 말이 있다. 이것이 바로「양약고구 충언역이(良藥苦口 忠言逆耳)」를 우리말로 옮겨놓은 것이다.

천하를 통일하고 포악한 철권통치로 백성들을 옴짝달싹 못하게 하고 숨통을 조이던 시황제가 죽고 나자, 진(秦)나라는 금방 혼란에 빠지고 말았다.

긴장이 풀린 후의 심각한 이완현상이라고 할 수 있다. 학정에 시달려 온 백성들은 곳곳에서 봉기했고, 그 민중의 에너지를 기반으로 삼은 군웅들이 국토를 분할하여 세력 경쟁을 벌였다.

그 가운데서도 대표적인 인물이 항우와 유방(劉邦)인데, 2세 황제 원년인 기원전 209년에 무관(武關)을 돌파하여 진(秦)의 근거지인 중원에 제일 먼저 들어간 유방은 패상(覇上)에서 진의 자영(子嬰)이 바친 제왕의 인수(印綬)를 받고, 다시 수도 함양으로 들어갔다. 기원 전 26년의 일이다.

유방은 아직 천하를 통일하지 못했지만 이것이 한(漢)의 원년이 되었다.

3세 황제 자영(子嬰)에게서 항복을 받아낸 유방이 대궐에 들어가 보니 방마다 호화찬란한 재보가 가득 가득 쌓여 있을 뿐 아니라 꽃 같은 궁녀들이 헤아릴 수도 없이 많았다. 유방은 원래 술과 여자를 좋아했으므로 대궐에 그대로 머물 생각을 했다.

그러자 부하 대장인 번쾌(樊噲)가 고언(苦言)을 했다.

"아직 싸움이 끝나지 않았고, 천하가 진정한 영웅을 기다리고 있는데, 여기서 주저앉아 한때의 쾌락을 즐기려 하십니까? 모든 것을 봉인(封印)하고 교외의 군진으로 돌아가야 합니다."

그러나 유방은 듣지 않았다. 참모인 장량(張良)은 궁전을 보인 것이 잘못이라고 생각하면서 유방에게 말했다.

“애당초 진(秦)이 도리에 어긋나는 짓만 해서 인심이 떠났기 때문에 주군께서 이렇듯 진의 영지를 점령할 수가 있게 된 것입니다. 천하를 위해서 적을 제거한다면 검소한 생활을 해야 합니다. 지금 진의 땅으로 들어오자마자 환락에 젖는다면 그야말로 ‘저 호화로웠던 하(夏)의 걸왕(傑王)을 도와 잔혹한 짓을 한다.’ 라는 결과가 됩니다. 게다가 ‘충언은 귀에 거슬리나 행실에는 이(利)가 되고, 독한 약이 입에는 쓰나 병에는 잘 듣는다(忠言逆耳利於行 毒藥苦口利於病).’ 고 합니다. 부디 번쾌의 말을 들어주십시오.”

그제야 자기의 잘못을 깨달은 유방은 대궐에서 나와 군진이 있는 패상(覇上)으로 돌아갔다.

여기에서 말한 독한 약이란 물론 약효가 강하다는 뜻이다.

또 《공자가어》 육본편에도 있는 말이다.

“좋은 약은 입에 써도 병에 이롭고, 충성된 말은 귀에 거슬려도 행하는 데 이롭다. 탕(湯)임금과 무왕(武王)은 곧은 말 하는 사람으로 일어나고, 걸(桀)과 주(紂)는 순종하는 사람들로 망했다. 임금으로 말리는 신하가 없고, 아비로 말리는 아들이 없고, 형으로 말리는 아우가 없고, 선비로 말리는 친구가 없으면 과오를 범하지 않는 사람이 없다.”

원래는 여기 나와 있는 대로 “좋은 약은 입에 써도 병에 이롭다." 고 해오던 것을, 뒷부분은 약해버리고 앞부분만 쓰게 된 것이다.

"바른 말이 귀에 거슬린다." 는 말도 역시 마찬가지다. 그것이 다시 보편화되어 지금은 "좋은 약은 입에 쓰다(良藥苦口)." 는 말만으로 "바른 말이 귀에 거슬린다." 는 말까지를 포함한 뜻으로 통용되고 있다.

羽翼已成(우익이성) 깃 羽 날개 翼 이미 已 이룰 成

"깃과 날개가 이미 자랐다." 는 뜻으로, 성숙해졌다는 말이다.

한(漢)나라 고조(高祖)는 정실 자식 영(盈)을 태자로 이미 책봉했음에도 불구하고 이를 폐하고 총애하는 척(戚)부인과의 사이에서 태어난 여의(如意)를 세자로 만들고 싶어 했다. 그러자 대신들이 들고 일어나 반대하는 바람에 쉽사리 결단을 내리지 못하고 날짜만 끌고 있었다.

자칫하다가는 측실 자식한테 보위를 빼앗길지도 모른다는 생각에 애가 탄 태자의 어머니 여후(呂后)는 조바심이 나서 유후(留侯)를 불러 하소연했다. 유후는, 유방이 한나라를 세우고 장량(張良)에게 유현(留縣)을 봉읍으로 주었다고 해서 유후라고 하였다.

유후는 황제가 존경하는 현자인 동원공(東園共), 하황공(夏黃公), 녹리선생(甪里先生), 기리계(綺里季) 네 사람이 수시로 태자를 따르게 하면서 가르치게 하는 모습을 황제가 보게 된다면 큰 도움이 될 것이라고 말했다.

"이 네 현인은 황제께서 불러도 사양하고 멀리 숨어버릴 만큼 고집이 세고 고결한 선비들입니다. 이들로 하여금 이따금 태자마마를 모시고 조회에 들어가게 한다면 태자마마에 대한 폐하의 인식도 달라지실 게 틀림없습니다."

여후는 유후의 말을 듣고 네 선생을 정성을 다해 모셨다. 한나라 12년 황제는 전쟁을 끝낸 뒤 자신의 병이 깊어지자 태자를 바꾸려는 생각이 더욱 강해졌다.

어느 날, 대궐에서 큰 잔치가 열렸다. 특히 이 날은 태자가 황제를 모시도록 되어 있었으므로, 이미 태자의 사람이 되어 있는 하황공 등 네 현인은 태자 뒤를 따라 연회장에 들어갔다. 고조는 태자 뒤에 들어오는 사람들을 보고 눈이 휘둥그레졌다. 황제인 자기가 불러도 불응한 인물들이 아닌가.

"그대들은 짐이 불러도 싫다고 은둔해버린 사람들이 아니오. 그런데 오늘은 어찌하여 태자를 따라 대궐에 들어오셨소?"

그들로부터 처음으로 하례를 받은 고조가 이렇게 묻자, 네 현인은 입을 모아 대답했다.

"폐하께서는 선비를 업신여기고 자주 꾸짖으시므로 신들의 이름이 욕보지나 않을까 하여 두려운 나머지 도망하여 숨었습니다. 그러나 삼가 듣건대, 태자께서는 인품이 어질 뿐 아니라 효성이 지극하고 사람을 공경하고 선비를 사랑하시므로 천하에 태자를 위해 목숨을 내놓지 않은 이가 없다고 하여 신들도 찾아온 것입니다."

"아무쪼록 태자를 잘 보필해 주구려."

네 사람이 물러가자, 고조는 서둘러 척부인을 불렀다. 그리고는 네 현인의 뒷모습을 가리키며 말했다

"짐이 태자를 바꾸고자 했으나, 저들 네 현인이 보좌하여 '태자의 날개와 깃이 이미 이루어졌으니(羽翼已成)' 짐으로서도 어쩔 수 없구려."

결국 태자 유영이 고조의 뒤를 이어 2세 황제가 되니, 그가 곧 혜제(惠帝)다. 자칫 밀려날 뻔했던 그가 위기를 모면한 것은 유후가 네 현인을 동원한 것이 결정적 계기였다.

조 걸 위 학
助桀爲虐 도울 助 걸임금 桀 할 爲 모질 虐

주(紂)를 도와 포학한 일을 저지르다. 곧 나쁜 사람을 도와

나쁜 짓을 방조(傍助)하는 것을 비유하는 말이다. 걸(桀)왕과 함께 중국의 대표적인 폭군으로 꼽히는 하(夏)나라 주왕(紂王)의 이름을 따서 「조주위학(助紂爲虐)」이라고도 한다.

걸(桀)은 상(商)왕조 최후의 왕인 주(紂)와 함께 포악한 임금의 상징으로 거론된다. 걸주(桀紂)라고도 하며, 흔히 이상적 천자로 추앙받는 요순(堯舜)과 대비된다. 웅장한 궁전을 건조하여 천하의 희귀한 보화와 미녀를 모았으며, 궁전 뒤뜰에 주지(酒池)를 만들어 배를 띄워 즐겼고, 장야궁(長夜宮)을 짓고 거기서 남녀 합환의 유흥에 빠졌다고 전한다.

주(紂)는 중국 상(商)나라 말기의 임금으로, 역사상 보기 드문 혼군(昏君)이자 폭군이었다. 주왕은 애첩 달기(妲己)와 함께 「주지육림(酒池肉林)」에 빠져 나랏일을 돌보지 않았으며, 폭정을 그만두도록 간언하는 신하들을 「포락지형(炮烙之刑)」에 처하여 죽였다. 이에 주(周)나라의 무왕(武王)이 주왕을 죽이고 은을 멸망시켰다.

《맹자》 등문공하편에 이런 구절이 있다.

"주공(周公)이 무왕(武王)을 도와 주(紂)를 죽이고 엄(奄)나라를 정벌하였다."

주자(朱子)는 이 구절에 대한 주석에서 이렇게 설명하고 있다.

"엄(奄)은 동방에 있던 나라로, 주왕을 도와 포학한 짓을 저질렀다(奄 東方之國 助紂爲虐者也)."

「조걸위학」이라는 표현은 〈유후세가〉 등에 보인다.

유방(劉邦)은 진(秦)나라의 수도 함양(咸陽)을 함락시킨 뒤 궁궐의 화려함과 아름다운 궁녀들에 이끌려 그곳에 머물고 싶어 하는 기색을 보였다. 번쾌가 유방에게 궁궐 밖으로 나가자고 하자 듣지 않아 장량(張良)이 다시 간언하였다.

"무릇 진나라가 무도한 짓을 일삼았기 때문에 패공(沛公)께서 이곳에 이를 수 있었던 것입니다. 천하를 위하여 남은 도적들을 제거하려면 검소함으로 자원을 삼아야 마땅하거늘, 지금 진나라에 들어와 편안하게 그 즐거움을 누리려 한다면 이는 이른바 걸왕을 도와 포학한 짓을 저지르는 것과 다름이 없습니다(此所謂助桀爲虐). 또한 충성스러운 말은 귀에 거슬리지만 행실에 이롭고, 좋은 약은 입에 쓰지만 병에는 이롭다고 하였으니(忠言逆耳 良藥苦口) 바라건대 패공께서는 번쾌의 말을 들으소서."

이에 유방은 궁궐의 창고를 봉쇄하고 군대를 이끌고 함양을 떠나 패상(覇上)으로 돌아갔다.

진승상세가(陳丞相世家)

汗流浹背 (한류협배)

땀 汗 흐를 流 적실 浹 등 背

"땀이 흘러 등을 적시다."라는 뜻으로, 극도로 두려워하거나 부끄러워하는 모습을 비유하는 말이다.

한(漢)나라 제5대 황제 문제(文帝)는 자신이 즉위하는 데 큰 역할을 한 주발(周勃)을 우승상, 진평(陳平)을 좌승상으로 삼았다.

어느 날, 문제는 조회에서 주발에게 1년 동안 전국에서 판결하는 소송이 몇 건이나 되는지 물었다. 주발이 모르겠다고 하자, 문제는 또 1년 동안의 수입과 지출이 얼마나 되는지 물었다.

주발은 또 모르겠다고 사죄하였는데, 식은땀이 흘러 등을 적셨으며 황제의 질문에 대답하지 못한 것을 부끄러워하였다(勃又謝不知 汗出沾背 愧不能對).

문제가 진평에게 같은 질문을 하니, 진평은 그와 같은 세세한 수치는 실무자에게 물어보는 것이 마땅하다고 조리 있게 답변하였다.

주발은 자신의 기지나 응대하는 방법이 진평에 미치지 못하는 것을 부끄럽게 여기고는 병을 핑계로 승상의 자리에서 스스로 물러났다.

여기서 유래하여 한류협배는 식은땀이 등을 적실 정도로 몹시 두려워하거나 부끄러워하는 모습을 비유하는 성어로 사용된다. 또는 힘든 일을 하여 땀으로 흠뻑 젖은 모습을 비유하는 말로 사용되기도 한다.

진 평

강후주발세가(絳侯周勃世家)

持滿(지만)　　가질 持 찰 滿

"가득하게 가진다."는 뜻으로, 활을 당긴 채 화살을 놓지 않는 상태로 크게 발동하려고 하면서 마음을 벅차게 하고 세력을 간직하여 두고 있는 상태를 말한다.

주(周)의 경왕(敬王) 24년, 오왕(吳王) 합려(闔廬)는 월왕(越王) 구천(勾踐)과 싸워 추리(절강성 가흥현)에서 대패하고 전사했다. 합려의 아들 부차는 밤마다 섭(薪) 위에 누워서 아버지의 한(恨)을 새롭게 하여 복수를 맹세하고 오로지 군사를 훈련하여 기회가 무르익기를 기다렸다. 월왕 구천은 그것을 알고 기선을 다투어 오를 토벌하려고 하였다.

그때 월의 명신 범려(范蠡)는 구천에게 간했다.

"병(兵)은 흉기이며, 싸움(戰)은 역덕(逆德)이며, 다툼(爭)은 말사(末事)라고 합니다. 즐겨 흉기를 들고 역덕을 행하며 말사에 손을 대는 것은 하늘이 용서 않는 것입니다. 천도를 거슬러 가면서 성공할 수는 없습니다."

그러나 구천은 듣지 않고 마침내 군사를 일으켰다. 오왕 부차는 때는 왔다 하고, 이때를 기다리느라고 훈련에 훈련을 거듭한 정예부대를 선발하여 월군을 요격하였으며 부초산에서 구천의 군사를 대파시켰다.

구천은 패잔병을 이끌고 패주하여 겨우 회계산으로 도망쳤으나 바로 오군에 포위되어, 이제는 항복 아니면 옥쇄(玉碎)를 해야만 했다. 구천은 간언을 듣지 않은 것을 후회하며 범려에게 상의했다.

"바로 그대가 말한 그대로였소. 앞으로 어떻게 하면 좋겠소?"

그때 범려가 말한 말이 여기 나오는 「지만」이다.

"항상 마음을 벅차게 하고 있는(持滿) 자는 하늘(天)의 도움이 있습니다. 기울어짐을 정(定)하는(위난을 견디어 지탱해 나가는) 자는 사람(人)의 도움이 있습니다. 사(事)를 절(節)하는(쓰임새를 절약하는) 자는 지(地)의 도움이 있습니다. 이후로는 이 천(天)과 인(人)과 지(地)의 도움을 받도록 노력하지 않으면 안 됩니다. 지금은 오직 말을 낮추고 예(禮)를 두터이 하여 화(和)를 청하는 것뿐입니다. 그러기 위해서는 왕 스스로 오의 신하가 되는 것도 어쩔 수 없는 일이 아니겠습니까."

구천은 이 말을 좇아 오왕에게 항복한 후, 일찍이 오왕 부차가 섭 위에 누워서 복수의 마음을 가다듬은 것과 같이 쓸개

(膽)를 핥고서는 그 쓴 맛으로 회계의 수치를 상기하고, 범려의 도움을 받아 오로지 국력의 충실에 힘을 써, 만(滿)을 지(持)하기 22년, 마침내 오(吳)를 멸하고 천하의 패자가 되었다. {☞ 와신상담(臥薪嘗膽)}

구천의 상담(嘗膽)

백이열전(伯夷列傳)

不念舊惡 怨是用希 (불념구악 원시용희)　　　염려할 念 원망할 怨

지나간 잘못을 염두에 두지 않아 원망이 적었다.

지나간 일을 탓하지 않는 것을 「기왕불구(旣往不咎)」라고 한다. 이 말과 약간 일맥상통하는 점이 있기는 하나 뜻은 다르다.

백이숙제(伯夷叔齊)가 지나치게 결백한 나머지 불의로 천하를 얻은 주나라의 곡식마저 먹을 수 없다 하여 수양산에 들어가 고사리를 캐먹다가 굶주려 죽었다는 이야기는 너무나 유명하다.

그 백이에 대해 맹자가 이런 구체적인 사례를 들고 있다. 즉 《맹자》 공손추(公孫丑) 상에서 맹자는 이렇게 말하고 있다.

"백이는 그 임금이 아니면 섬기지 않고, 그 벗이 아니면 사귀지 않았으며, 악한 사람의 조정에 서지도 않고, 악한 사람과는 함께 말도 하지 않았다. 악한 사람의 조정에 서거나, 악한 사람과 함께 말하는 것은, 마치 예복을 이고 예모를 쓴 채 시궁창이나 숯검정 위에 앉는 것처럼 여겼다. 이러한 악한 것을 미워하는 마음을 확대시켜 시골 사람들과 같이 섰을 때, 그 사람의 갓이 비뚤어졌으면 뒤도 돌아보지 않고 가버렸다. 마치 더러운 것이라도 묻은 것처럼 생각했다. 그러니 제후들 가운데 좋은 말로 그를 모시러 오는 사람이 있어도 이를 거절했다."

이것으로 보아, 백이가 얼마나 결백하고 남을 포용하는 마음이 좁았는가 하는 것을 알 수 있다. 그러나 맹자는 그를 성인(聖人)이라고 했다. 다만 성인 가운데 깨끗한 사람(淸者)이라고 했다.

그런데 그 백이에게도 반대의 일면이 있었던 것이다. 그것이 바로 여기에 나오는 「불념구악(不念舊惡)」이다.

〈백이열전〉에서 공자는 이렇게 말하고 있다.

"백이와 숙제는 옛 악을 생각지 않았다. 그래서 원망이 적었다(伯夷叔齊 不念舊惡 怨是用希)."

그토록 결백하고 까다로운 백이와 숙제도 지나간 날의 잘못을 염두에 두지 않았기 때문에 사람들은 그의 지나친 결백을 그다지 원망스럽게 생각지 않았다는 뜻이다.

어제 아무리 보기 흉한 짓을 한 사람이라도 오늘 좋은 모습으로 나타나면 반갑게 맞아주는 백이 숙제였기 때문에 사람들은 그들을 어려워는 했을망정 미워할 필요는 없었던 것이다.

「기왕불구」가 의식적인 노력에서 나오는 아량이라면, 이 「불념구악」은 그야말로 「명경지수(明鏡止水)」와 같은 성자의 초연한 심정에서일 것이다.

지나간 일을 놓고 콩이야 팥이야 따지는 태도도 삼가야겠지만, 한번 밉게 본 사람을 언제나 같은 눈으로 대하는 것은 더욱 삼가야 할 일이다.

求仁得仁 又何怨乎?
(구인득인 우하원호)

"인(仁)을 구하여 인(仁)을 얻었다. 또 무엇을 원망하리오?"

자신이 원하는 것을 얻었음을 뜻한다. 은(殷)나라의 고죽군(孤竹君)은 세상을 떠나면서 왕위를 큰아들인 백이(伯夷)보다도 지도력이 있다고 생각되는 막내인 숙제(叔齊)에게 물려주려고 하였다.

그렇지만 숙제는 장남인 형이 왕위를 계승해야 된다며 사양하였고, 백이는 부왕의 유언을 따르는 것이 자식 된 자의 도리라며 그대로 궁궐을 나왔다. 이 사실을 알게 된 숙제 역시 그 나라를 떠났다.

그러던 어느 날, 백이와 숙제는 서백(西伯) 창(昌)이 늙은이들을 잘 보살핀다는 말을 듣고 주(周)나라에 가서 서백에게 의탁하려고 했다.

그런데 주나라에 가 보니 서백은 이미 죽었고, 이어서 왕위에 오른 무왕(武王)은 선왕의 시호를 문왕(文王)이라 일컬으며 나무로 만든 위패를 수레에 싣고 동쪽에 있는 은(殷)나라 주왕(紂王)을 치려고 하는 판이었다.

백이와 숙제는 왕의 말을 붙잡아 세우고 간했다.

"부왕께서 돌아가시어 아직 장례도 모시기 전에 무기를 드는 것은 효(孝)라 할 수 없습니다. 신(臣)의 몸으로 군(君)을 죽이려고 하는 것은 인(仁)이라 할 수 없습니다."

그렇지만 무왕은 자신의 계획을 포기할 수 없었으므로 군사의 출정(出征)을 명했다. 그러자 백이와 숙제는 그 앞을 가로막았다. 무왕은 노하여 이들을 죽이려고 하였다. 그때 마침 강태공(姜太公 : 여상)이 나서 말했다.

"이 사람들은 의인(義人)입니다."

그리고는 그들을 살려서 돌려보냈다. 그 뒤 무왕은 은나라를 평정하여 천하는 주나라를 종주(宗主)로 했는데, 백이 · 숙제는 이것을 부끄럽게 여기고 신의(信義)를 지키기 위하여 주나라 녹속(祿粟)을 먹지 않고 수양산(首陽山)에 숨어서 채약(採藥)으로 고비를 캐먹고 살다가 굶어죽었다.

공자는 이들의 행동을 두고 이렇게 말했다.

"백이와 숙제는 지나간 잘못을 염두에 두지 않았다. 그래서 원망이 적었다(不念舊惡 怨是用希). 그들은 인(仁)을 구함으로써 인을 얻었다. 또 무엇을 원망하리오(求仁得仁 又何怨乎)?"

등 피 서 산 혜 채 기 미 의
登彼西山兮采其薇矣

저 서산(西山 : 수양산)에 올라 고사리를 캔다.

백이와 숙제가 수양산(首陽山)에 들어가 고사리(薇)를 캐 먹으며 배를 채웠다. 그들이 굶주려 죽을 무렵 지은 노래가 「채미가(采薇歌)」다.

「채미가」는 고사리를 캐는 노래라는 뜻으로, 절의지사(節義之士)의 노래를 이르는 말이다..

백이와 숙제는 고죽(孤竹)국 임금의 아들이다. 아버지는 막내인 숙제를 후사(後嗣)로 삼으려고 했으나, 아버지가 죽은 다음 숙제는 형인 백이에게 양보하려고 했다. 백이는 아버지의 명령을 따르지 않을 수 없다며 임금의 자리를 받지 않고 마침내는 나라 밖으로 도망을 쳤다. 숙제도 또한 군주 자리에 앉지 않고 형의 뒤를 따랐던 까닭에 나라 백성들은 둘째아들을 세워 임금을 삼았다.

그리하여 백이·숙제는 서백(西伯) 창(昌)이 늙은이들을 잘 보살핀다는 말을 듣고 주(周)나라에 가서 서백에게 의탁하려고 했다. 그런데 주나라에 가 보니 서백은 이미 죽었고, 이어서 왕위에 오른 무왕(武王)은 선왕의 시호를 문왕(文王)이라 일컬으며 나무로 만든 위패를 수레에 싣고 동쪽에 있는 은(殷)나라 주왕(紂王)을 치려고 하는 판이었다.

백이와 숙제는 무왕의 발고삐를 잡고 이렇게 간(諫)하였다.

"아버지의 장례도 치르지 않고 바로 전쟁을 일으키는 것은 효(孝)라 할 수 없습니다. 신하된 자로서 군주를 시해하려는 것을 인(仁)이라고 할 수 있겠습니까?"

그러나 무왕은 끝내 은을 평정하여 주(周)의 천하를 이루었다. 따라서 천하가 주 왕실을 종주로 섬겼으나, 백이와 숙제는 그 백성이 되는 것을 치욕으로 여겼다. 지조를 지켜 주나라의 양식을 먹으려 하지 않고, 수양산(首陽山)에 들어가 고사리(薇)를 꺾어 배를 채웠다. 그들이 굶주려 죽을 무렵 노래를 지었다.

저 서산(西山 : 수양산)에 올라 고사리를 캔다.
모진 것으로 모진 것을 바꾸고도,

그 잘못을 알지 못한다.
신농과 우(虞), 하(夏)의 시대는 가고,
나는 장차 어디로 돌아갈 것인가?
아아, 슬프다. 이젠 가리라,
운명의 기박함이여!

登彼西山兮采其薇矣	등피서산혜채기미의
以暴易暴兮 不知其非矣	이포역포혜 부지기비의
神農虞夏忽然沒兮	신농우하홀연몰혜
我安適歸矣	아안적귀의
于嗟徂兮 命之衰矣	우차조혜 명지쇠의

그리고 마침내 수양산에서 굶어 죽었다. 이 시로 미루어 볼 때 과연 원망이 없었다고 볼 수 있겠는가. 혹은 또 말하기를, "하늘은 항상 착한 사람의 편을 든다." 고 한다. 그렇다면 백이 숙제는 과연 착한 사람일 수 있겠는가?

이상이 사마천의 백이 숙제에 대한 비평이다. 여기에는 사마천 자신의 세상에 대한 울분이 깃들어 있다.

이 포 역 포 혜 부 지 기 비 의
以暴易暴兮 不知其非矣

포악한 것으로 포악한 것을 바꾸고도 그 그릇됨을 알지 못한다.

여기서 「이포역포(以暴易暴)」는 폭력으로 폭력을 다스린다는 말로, 정치를 함에 있어 덕으로 하지 않고 힘으로 다스림을 이르는 말이다..

백이와 숙제가 수양산에 숨어 살 때 지은 노래를 「채미가(采薇歌)」라고 하는데 여기에서 「이포역포」라는 성구가 나온다. {☞ 채미가(采薇歌)}

천도시야비야
天道是也非也

하늘이 가진 공명정대함을 한편으로 의심하면서 한편으로 확신하는 심정 사이의 갈등을 드러내는 말.

하늘의 뜻이 과연 옳으냐, 그르냐. 이는 곧 옳은 사람이 고난을 겪고, 그른 자가 벌을 받지 않는 것을 보면서 과연 하늘의 뜻이 옳은가, 그른가 하고 의심해 보는 말이다.

《노자》 제70장에 보면 "하늘의 도는 친함이 없어서 항상 선한 사람의 편을 든다(天道無親 常與善人)."는 말이 있다.

이 말은 아무리 악당과 악행이 판을 치는 세상이라 해도 진정한 승리는 하늘이 항상 선한 사람의 손을 들어 준다는 뜻이다. 물론 이것은 일정 정도 정당한 논리이지만, 현실 속에서는 그렇지 못한 것을 우리는 비일비재하게 보아 왔다.

《사기》를 쓴 사마천(司馬遷)은 한(漢)나라 무제 때 인물이다. 그는 태사령(太史令)으로 있던 당시 장수 이능(李陵)을 홀로 변호했다가 화를 입어 궁형(宮刑 : 거세당하는 형벌)에 처해졌다.

「이능의 화(禍)」라고 하는데, 전말은 이렇다.

이능은 용감한 장군으로, 5천 명의 병력을 이끌고 흉노족을 정벌하다가 중과부적(衆寡不敵)으로 부대는 전멸하고 자신은 포로가 된 사람이다. 그러자 조정의 중신들은 황제를 위시해서 너나없이 이능을 배반자라며 비난했다.

그때 사마천은 이능의 억울함을 알고 분연히 일어나 그를 변호하였다. 이 일로 해서 사마천은 투옥되고 사내로서는 가장 치욕적인 형벌인 궁형을 당했던 것이다.

그러나 사마천은 여기에 좌절하지 않고 치욕을 씹어가며 스스로 올바른 역사서를 쓰리라고 결심하였다. 그리하여 마침내 완성한 130권에 달하는 방대한 역사서가 《사기(史記)》이다.

그는 《사기》 속에서, 옳은 일을 주장하다가 억울하게 형을 받게 된 자신의 울분을 호소해 놓았는데, 이것이 바로 「백이열전」에 보이는 유명한 명제 곧 "천도는 과연 옳은가, 그른가(天道是耶非耶).”이다.

그는 이렇게 말한다.

“흔히 ‘하늘은 정실(情實)이 없으며 착한 사람의 편이다.’라고 말한다. 그러나 이는 인간이 부질없이 하늘에 기대를 거는 이야기에 지나지 않는다. 이 말대로 진정 하늘이 착한 사람의 편이라면 이 세상에서 선인은 항상 영화를 누려야 할 것이다. 그러나 실상은 그렇지가 않으니 어쩐 일인가?”

이렇게 말한 그는 다음과 같은 예를 들었다.

“백이 숙제가 어질며 곧은 행실을 했던 인물임은 세상이 다 아는 일이다. 그런데 그들은 수양산에 들어가 먹을 것이 없어 끝내는 굶어죽고 말았다. 공자의 70제자 중에서 공자가 가장 아꼈던 안연(顔淵)은 항상 가난에 쪼들려 쌀겨조차 배불리 먹지 못하다가 결국 젊은 나이에 죽고 말았다. 이런데도 하늘이 선인의 편이었다고 할 수 있는가? 한편 도척은 무고한 백성을 죽이고 온갖 잔인한 짓을 저질렀건만, 풍족하게 살면서 장수하고 편안하게 죽었다. 그가 무슨 덕을 쌓았기에 이런 복을 누린 것인가?”

이렇게 역사 속에서 억울하게 죽어간 사람들의 이야기를 하고 나서 사마천은 그 처절한 마지막 질문을 던진다.

“과연 천도(天道)는 시(是)인가, 비(非)인가?”

과연 인과응보(因果應報)란 있는 것인가? 사마천이 궁형을 당한 덕택에 결국 《사기》라는 대저술을 남기게 됨으로써 역사에 이름을 남기게 되었으니, 그것이 하늘이 그에게 보답을 한 것이라고 말할 수 있을까?

창 승 부 기 미 이 치 천 리
蒼蠅附驥尾而致千里

푸를 蒼 파리 蠅 붙을 附 천리마 驥 꼬리 尾 보낼 致

파리가 천리마의 꼬리에 붙어 천리를 간다.

큰 인물에게 인정을 받은 뒤에야 비로소 참된 가치가 드러남. 큰 인물의 힘을 빌려 출세하거나 능력을 발휘함.

기(驥)는 기(騏)・화(驊)・유(騮)와 같이 어느 것이나 하루에 천리를 달린다는 명마(名馬)를 말한다. 따라서 명마의 꼬리에 붙는다는 것이 「부기미」다.

「백이열전」에 이런 이야기가 있다.

"백이와 숙제는 현인이지만, 공자의 붓으로 인하여 그 이름이 점차 드러났고, 안연은 학문에 충실하였지만, 파리가 천리마의 꼬리에 붙어 천리를 갈 수 있는 것처럼(蒼蠅附驥尾而致千里) 공자의 기미(驥尾)에 붙음으로써 그 품행이 더욱 나타나게 되었던 것이다."

대체로 어떠한 인물이라도 큰 인물이 뒤를 받쳐 주지 않으면 후세에 남지 못한다고 말하고 있다.

그래서 후세 사람은 저자인 사마천 자신이 이 《사기》의 가치를 알고 그것을 찬양해 줄 인물을 후세에 기대하고 있는 것이라고 생각하는가 하면, 또 백이를 열전의 처음에 앉힌 것은 백이를 빌미로 삼아 역사적 인물, 나아가서는 인간의 운명이라는 것을 암시하고 싶었던 것이 아닌가 하고 보는 사람도 있다.

그러나 잘 생각해 보면 사마천 자신이 「기미(驥尾)」에 붙고 싶었던 것이 아닌가 하고도 말할 수 있을 것 같다.

이와 같이 《사기》에서는 「부기미」란 성어가 대인물에게 인정되어 참된 가치가 비로소 세상에 밝혀진다는 뜻으로 쓰였으나, 지금은 도리어 다음의 고사(故事)에서 오는 연상(連想)이 더 살아 있다.

《후한서》에 있는 이야기다.

전한 말의 사람으로 장창(張敞)이 그 편지에 이렇게 말했다.

"파리는 열 걸음(十步) 거리밖에 날지 못하나 기(騏)나 기(驥)와 같은 발이 빠른 말꼬리에 붙으면 천릿길도 쉽게 갈 수 있다. 그러면서도 말에는 조금도 폐를 끼치지 않고 파리는 다른 것들을 훨씬 멀리 떼어 놓을 수가 있다."

여기서 그저 세상에 알려진다는 뜻 이외에 큰 인물의 힘을 빌려 출세한다, 또는 능력을 발휘한다, 라는 뜻이 생겨 "기미(驥尾)에 탁(託)한다." 고도 한다.

수양산 백이숙제

관・안열전(管晏列傳)

생아자부모 지아자포자야
生我者父母 知我者鮑子也　　절인 어물 鮑

"나를 낳은 이는 부모지만, 나를 아는 이는 오직 포숙아다."

관중(管中)의 이 말에서 「관포지교(管鮑之交)」 고사가 생겨났다. 친구 사이의 매우 다정하고 허물없는 교제를 이르는 말이다.

관포(管鮑)는 춘추시대 제나라의 관중(管中)과 포숙아(鮑叔牙) 두 사람의 성을 따서 한 말인데, 이 두 사람의 우정은 우리가 본받아야 할 위대한 점을 지니고 있다.

관중과 포숙아는 젊었을 때부터 친구였다. 처음에는 둘이서 장사를 했다. 포숙아는 자본을 대고, 관중은 경영을 담당했다. 포숙아는 모든 것을 관중에게 일임하고 일체 간섭하는 일이 없었다.

기말 결산에 이익 배당을 할 때면 관중은 언제나 훨씬 많은 액수를 자기 몫으로 차지하곤 했다. 포숙아는 많다 적다 한 마디 말하는 법이 없었다.

그 당시의 관례로서는 자본주가 더 많이 차지하거나, 아니면 똑같이 분배하는 것이 보통이었다. 그런데 관중은 월급은 월급대로 받고, 용돈은 용돈대로 써 가며 이익 배당은 자기 앞으로 더 큰 몫을 돌려놓는 것이었다.

밑에 일 보는 사람들이 속으로 불평을 하는 것도 당연했다. 그들은 포숙아의 너무도 무관심한 태도가 안타까웠다. 그래서 간부 몇 사람이 포숙아를 찾아가 관중의 처사가 틀렸다는 것을 흥분해 가며 늘어놓았다.

그러나 포숙아는 아무렇지도 않게 말했다.

"그 사람은 나보다 가족이 많다. 그리고 어머님이 계신다. 그만한 돈이 꼭 필요해서 그러는 것이 아니겠는가. 내가 일일이 신경을 써 가며 보살피기보다는 그가 필요한 대로 알아서 쓰는 것이 얼마나 서로 편리한 일인가. 그 사람이 만일 돈에 욕심이 있어서 그런다면 내가 트집을 잡으려고 해도 잡을 수 없게끔 얼마든지 돈을 가로챌 수 있을 것이다."

포숙아의 관중에 대한 이해와 아량도 놀라운 일이지만, 포숙아의 그 같은 속마음을 환히 들여다보며 이렇다 할 말 한마디 없이 제 돈 쓰듯 하는 관중의 태도도 보통 사람으로서는 할 수 없는 일이다.

그 뒤 관중은 독립해서 여러 가지 일을 시작해 보았으나 번번이 실패를 거듭할 뿐이었다. 사람들은 관중의 무능함을 비웃었다.

그러나 그때마다 포숙아는 관중을 이렇게 변명해 주었다.

"그것은 관중이 지혜가 모자라서 그런 것이 아니다. 아직 운이 없어서 그런 것이다."

그 뒤 관중은 포숙아와 함께 벼슬길로 들어가게 되었다. 그러나 관중은 그때마다 사고를 저지르고 그 자리에서 물러나지 않으면 안 되었다.

사람들이 관중을 모자라는 사람으로 수군거리면 포숙아는 또 이렇게 변명을 해 주었다.

"관중이 무능해서 그런 사고를 저지르는 것이 아닐세. 아직도 때를 만나지 못한 때문이야."

그 뒤 관중은 포숙아와 함께 장수로서 전쟁터에 자주 나가곤 했다. 그런데 관중은 진격할 때면 언제나 뒤에 처지고, 패해 달아날 때면 누구보다 앞장서곤 했다.

사람들이 관중을 겁쟁이라고 손가락질을 하면 포숙아는 또 이렇게 그를 변명해 주었다.

"관중이 겁이 많아 그런 게 아닐세. 늙은 어머님이 계시기 때문이야."

그 뒤 제나라는, 양공(襄公)의 문란한 정치로 언제 무슨 일이 일어날지 알 수 없는 상태로 변해 갔다.

관중은 포숙아에게 이렇게 말했다.

"제나라에 변이 일어났을 때 뒤를 이어 임금이 될 만한 인물은 공자(公子) 규(糾)와 공자 소백(小白)뿐이다. 우리 각각 한 사람씩 맡아 외국으로 망명해 있으면서 기회를 기다리도록 하자."

이리하여 관중은 공자 규를 데리고 노나라로 피했고, 포숙아는 공자 소백을 데리고 거(莒)나라로 가 피해 있었다. 그 뒤 제나라에 내란이 일어나 임금이 계속 둘이나 비명에 죽고, 그 뒤를 이을 마땅한 공자를 물색하게 되었다. 이리하여 관중과 포숙아는 각각 자기가 모시고 있는 공자를 데리고 제나라를 향해 앞 다투어 길을 재촉했다.

관중은 포숙아가 앞에 갔다는 말을 듣자, 단신 말을 달려 밤을 새워 추격을 했다. 포숙아 일행이 막 점심을 먹고 있는데, 관중이 단신 나타나 활로 공자 소백을 쏘았다. 가슴을 맞은 소백은 피를 흘리며 수레에서 넘어졌다. 소백이 피를 쏟으며 넘어지는 것을 본 관중은 유유히 돌아와 공자 규와 함께 마음 놓고 제나라로 향해 떠났다.

그러나 소백은 죽지 않았다. 천명으로 관중의 화살이 그의 띠갈구리에 와 맞는 순간, 관중의 다음 화살이 두려워 얼른 혀를 깨물어 피를 뿜어 보이며 죽은 듯이 넘어져 있었던 것이다.

먼저 들어가 임금이 된 소백은 곧 제나라 군대를 보내 관중 일행을 막았다. 관중은 싸움에 패해 노나라로 다시 도망을 쳤다가 거기서 포로가 되어 제나라로 끌려오게 되었다. 임금이 된 소백은 관중을 손수 목을 치려고 벼르고 있었다.

그러나 포숙아의 설득으로 관중의 죄를 용서하고 그를 스승으로 맞아들이는 한편 임금의 권한을 대행하는 재상으로 임명했다. 포숙아가 자기가 차지할 재상의 자리를 굳이 사양하고 관중에게 넘겨 준 것이다.

관중은 마침내 환공을 도와 천하의 패자가 되게 하고, 그의 품은 포부를 실천에 옮겨 위대한 정치가 · 경제가 · 외교가 · 군략가로서 역사에 이름을 남기게 되었다.

그 뒤 관중이 병으로 죽게 되었을 때 환공은 그의 후계자로 포숙아를 썼으면 하고 말했다.

그러나 관중은 이렇게 말했다.

"포숙아는 천성이 착한 사람을 좋아하고 악한 사람을 미워합니다. 착한 사람을 좋아하는 것은 좋은 일이지만, 악한 사람을 너무 미워하면 큰일을 하는 데 많은 방해를 받게 됩니다."

그리고는 대신 습붕(濕朋)을 추천했다.

이 내막을 아는 행신(幸臣)들이 포숙아에게 잘 보일 생각으로 관중의 배은망덕한 처사를 일러바쳤다.

그러나 포숙아는 섭섭해 하기는커녕 오히려 당연한 듯 이렇게 말하며 그들을 호되게 꾸짖었다.

"관중이 아니면 어찌 그런 말을 할 수 있겠느냐. 관중의 말대로 내가 재상이 되면 너희 같은 소인들부터 모조리 조정에서 몰아내고 말 것이다. 너희 같은 무리들이 그동안 부귀를 누린 것은 모두 관중의 너그러운 덕 때문인 줄 알아라."

그러기에 관중도 일찍이 이렇게 말했다고 한다.

"나를 낳은 이는 부모지만, 나를 아는 이는 오직 포숙아다(生我者父母 知我者鮑子也)."

이 관포의 우정을 어찌 한낱 우정으로만 말할 수 있겠는가. 개인의 영달보다도 국가와 천하를 더 소중히 아는 대인군자가 아니고서는 한갓 우정만으로 이 같은 사귐을 가질 수는 없는 것이다.

의 기 양 양 심 자 득 야
意氣揚揚甚自得也

의기양양해 흐뭇한 모습이다.

여기서 「의기양양(意氣揚揚)」이라는 성어가 생겨났다. 득의(得意)한 마음이 얼굴에 나타나는 모양을 이르는 말이다.

의기양양(意氣洋洋)이라고 써도 된다.

"의기가 드날리다."라는 뜻으로, 바라던 대로 이루어져 매우 자랑스러워하며 뽐내는 모양을 비유하는 말이다.

춘추시대 제(齊)나라의 안영은 영공(靈公)과 장공(莊公), 경공(景公)의 3대를 섬기면서 근검절약하고 군주를 잘 보좌하여 명재상으로 존경받았다.

안영이 하루는 외출을 하게 되었는데, 마부의 아내가 문틈으로 내다보니 그의 남편이 재상의 마부로서 커다란 일산을 받쳐 들고 네 마리의 말에 채찍을 가하며 의기양양하게 흐뭇한 모습이었다(意氣揚揚 甚自得也).

얼마 뒤에 남편이 집에 돌아오자, 그 아내는 남편에게 이혼을 하자고 했다.

남편인 마부가 사연을 물으니, 아내가 대답했다.

"안자는 그 키가 6척도 안 되건만 그의 몸은 제나라 재상으로서 제후 사이에도 이름이 높습니다. 그렇지만 아까 그가 외출하는 모습을 내가 보니 매우 침착하고 모든 사람에게 겸손합디다. 그런데 당신은 키가 8척이나 되면서 남의 마부가 되었고, 거기에다 만족스런 모습입디다. 제가 당신 곁을 떠나고 싶다는 것은 이 때문입니다."

그 일이 있은 후로, 마부는 자신을 억제하여 겸손한 사람이 되었다. 안자가 이상하게 여겨 그 마부에게 물으니, 마부가 사실대로 말했다. 안자는 느낀 바 있어 그를 천거하였는데, 그는 마침내 대부(大夫)가 되었다.

晏子之御 (안자지어)

늦을 晏 아들 子 의 之 마부 御

도량이 작은 사람.

「안자의 마부」란 뜻으로, 하찮은 지위에 만족하여 뻐기는 사람의 비유로서, 윗사람의 위세만 믿고 우쭐대는 사람을 이르는 말이다.

제(齊)나라의 명재상 안영(晏嬰)의 어자(御者 : 마부)가 야망 없이 현실에 만족하고, 너무 뻐기는 데 실망한 아내로부터 이혼 요구를 받았다. 그래서 어자는 분발하여 마침내 대부에까지 출세했다는 옛일에서 온 말이다.

안영(晏嬰)은 춘추시대 제(齊)나라의 명신으로 영공(靈公), 장공(莊公)을 섬기고 경공(景公) 때는 재상이 되었다.

재능이 뛰어나도 겸손한 안영은 제나라를 천하의 강국으로 만들 만큼 치세(治世)의 능력도 있었다. 그의 언행은 공자(孔子)에게도 영향을 미칠 정도여서 안자(晏子)라는 경칭이 붙여졌다.

어느 날, 안영이 외출을 하게 되어 마차를 탔다.

네 마리의 말이 끄는 마차를 부리는 어자(御者, 마부)는 마차가 지나가면 사람들이 경외(敬畏)의 눈빛으로 길을 비키거나 엎드리곤 해서 마치 자기가 위대해진 듯 착각하여 우쭐거리며 마차를 몰았다.

그 날도 마부는 목을 뻣뻣이 하고는 득의만면(得意滿面)한 표정으로 말채찍을 휘어잡고 마차를 몰고 있었다. 마차가 집 앞을 지나간다는 소식을 들은 마부의 아내가 문틈으로 살며시 내다보았다.

재상 안영은 다소곳이 앉아 있는데 마부 주제인 남편의 모습은 너무나 역겨웠다.

그날 저녁 남편이 집에 돌아오자 아내가 느닷없이 이혼하고 싶다고 했다. 어안이 벙벙해진 남편이 그 이유를 물었다.

"안자(晏子)께서는 키가 6척도 안되지만 재상이 되셨고 그 명성도 자자합니다. 그런데도 의연하고 겸허했습니다. 그런데 당신은 8척의 거구로 남의 마부가 되어 우쭐대고 있으니 그런 당신과는 더 이상 살고 싶지 않습니다."

아내로부터 크게 무안을 당한 마부는 그 후부터 사람이 싹 달라졌는데 그 까닭을 알게 된 안영은 가상히 여겨 마부에게 벼슬을 천거했다. 그래서 마부는 분발하여 마침내 대부에까지 출세했다는 이야기다.

이 고사에서 「안자지어(晏子之御)」는 하찮은 지위에 만족하여 빼기는 사람의 비유로서, 윗사람의 위세만 믿고 우쭐대는 사람을 이르는 말이다.

관중과 포숙아

노자 · 한비열전(老子韓非列傳)

양고심장약허 군자성덕용모약우
良賈深藏若虛 君子盛德容貌若愚

값 賈(고) 감출 藏 빌 虛 채울 盛 얼굴 貌 어리석을 愚

훌륭한 장사치는 물건을 깊이 간직하여 밖에서 보기에는 아무것도 없는 것 같고, 군자는 훌륭한 덕(德)을 몸 속 깊이 간직하여 외모는 어리석은 것처럼 보인다.

어진 사람은 학식과 덕행을 감추고 자랑하지 않음을 비유하는 말이다.

공자가 주나라에 갔을 때 노자와 만나서 예(禮)에 대하여 물으니, 노자는 이렇게 말했다.

"당신이 흠모하는 옛날의 성인도 그 몸은커녕 뼈까지 썩어빠져서 지금은 다만 덧없이 그 말만이 남아 있을 뿐이오(子所言者 其人與骨皆已朽矣 獨其言在耳). 아무튼 군자란 때를 만나게 되면 수레를 타는 귀한 몸이 되지만, 때를 만나지 못하면 하잘것없는 몸이 되오. '훌륭한 장사치는 물건을 깊이 간직하여 밖에서 보기에는 아무것도 없는 것 같고, 군자는 훌륭한 덕(德)을 몸 속 깊이 간직하여 외모는 어리석은 것처럼 보인다(良賈深藏若虛 君子盛德容貌若愚)'는 말을 들었소이다.

당신의 고만(高慢)함과 다욕(多欲)함과 산만한 생각은 모두 버리시오. 그것들은 당신에게 아무런 이익도 없는 것이오. 내가 당신에게 말하고 싶은 것은 단지 이것뿐이오."

공자는 돌아가서 제자들에게 말했다.

"새라면 잘 날고, 물고기라면 잘 헤엄치며, 짐승이라면 잘 달린다는 것은 나도 잘 알고 있다. 달리는 것은 그물을 쳐서 잡고, 헤엄치는 것은 실을 담가 낚고, 나는 것은 주살을 가지고 맞춰서 떨어뜨릴 수가 있다. 그러나 용(龍)에 이르러서는 바람과 구름을 타고 하늘에 오른다고 하니, 나로서는 그 실체를 알 길이 없다. 나는 오늘 노자를 만났는데, 마치 용 같다고나 할까(鳥 吾知其能飛 魚 吾知其能遊 獸 吾知其能走 走者可以爲罔 遊者可以爲綸 飛者可以爲矰 至於龍 吾不能知其乘風雲而上天 吾今日見老子 其猶龍邪)."

여기서 「양고심장(良賈深藏)」은 학덕이 깊으면서도 겉으로 드러내지 않음을 비유하는 성어다.

逆(역) 鱗(린)

逆 거스를 역 鱗 비늘 린

임금의 노여움.

거슬러 난 비늘이 「역린」이다. 용(龍)의 턱밑에 있는 이 비늘을 건드리기만 하면 사람을 죽이기 때문에 임금의 노염을 사는 것을 "역린에 부산친다."고 했다.

이 말은《한비자》세난편(說難篇)과〈노자 · 한비열전〉에나오는 말이다. 한비자는 이 편에서 다음과 같은 말을 하고 있다.

"상대가 좋은 이름과 높은 지조를 동경하고 있는데, 이익이 크다는 것으로 그를 달래려 하면, 상대는 자기를 비루하고 지조가 없는 사람으로 대한다 하여 멀리할 것이 틀림없다.

반대로 상대가 큰 이익을 원하고 있는데, 명예가 어떻고, 지조가 어떻고 하는 말로 이를 달래려 하면, 이쪽을 세상 물정에 어두운 사람이라 하여 상대를 해주지 않을 것이 뻔하다.

상대가 속으로는 큰 이익을 바라고 있으면서 겉으로만 명예와 지조를 대단해 하는 척할 때, 그를 명예와 지조를 가지고 설득하려 하면 겉으로는 이쪽을 대우하는 척하지만 속으로는 멀리하게 될 것이며, 그렇다고 해서 이익을 가지고 이를 달래면 속으로는 이쪽 말만 받아들이고, 겉으로는 나를 버리고 말 것이다……."

한비자는 이렇게 남을 설득시키기 어려운 점을 말하고 나서 맨 끝에 가서 이렇게 말하고 있다.

"용이란 짐승은 잘 친하기만 하면 올라탈 수도 있다. 그러나 그의 목 아래에 붙어 있는 직경 한 자쯤 되는 '역린'을 사람이 건드리기만 하면 반드시 사람을 죽이고 만다. 임금도 또한 역린이 있다. 말하는 사람이 임금의 역린만 능히 건드리지 않을 수 있다면 목적을 달성할 수 있을 것이다(夫龍之爲蟲也 可擾狎而騎也 然其喉下有逆鱗徑尺 人有嬰之 則必殺人 人主亦有逆鱗 說之者能無嬰人主之逆鱗 則幾矣)."

여기에서 임금의 노여움을「역린」이라 하게 되었는데, 임금이 아닌 경우라도 절대적인 권한을 가진 사람이면 이 말을 쓸 수 있다.

노자와 공자

손자 · 오기열전(孫子吳起列傳)

삼령오신
三令五申

명령 令 경계할 申

세 번 호령하고 다섯 번을 거듭 말함. 곧 군대에서 되풀이하여 자세히 명령함.

춘추전국시대 오(吳)나라의 제24대 왕 합려(闔閭)는 손무(孫武)의 《손자병법(孫子兵法)》을 읽고 나서 아낌없는 찬사를 보냈다. 그래서 합려는 손무에게 한번 시범을 보여 달라고 요청하였다. 손자는 궁녀 180명을 모아 놓고 두 편으로 나누었으며, 궁녀들 가운데 합려가 가장 총애하는 두 명을 각각 대장에 임명하였다.

손무는 군령을 펴고 형벌용 부월(斧鉞)을 준비한 뒤 세 번 군령을 내리고 다섯 번 거듭 말했다(三令五申). 그리고 북을 치며 구령을 내렸다.

"우로!"

그러자 부인들은 크게 웃었다. 손무가 말했다.

"군령이 명료하지 못하고 구령이 철저하지 못한 것은 장군 된 자의 죄이다."

그는 다시 세 번 군령을 내리고 다섯 번 이를 설명했다. 그리고 북을 치면서 구령을 내렸다.

"좌로!"

그러자 부인들은 또 크게 웃었다.

손무가 말했다.

"군령이 명료하지 못하고 구령이 철저하지 못한 것은 장군 된 자의 죄이다. 그러나 군령이 이미 명료한데도 규정대로 되지 않는 것은 대장(隊長)의 죄이다."

그리고는 좌우 두 사람의 대장을 참하려고 했다. 오왕은 대(臺) 위에서 보고 있다가, 손자가 당장에 자기의 총희를 참하려 들자 놀라서 즉시 전령을 보내 뜻을 전했다.

"나는 장군이 용병에 뛰어난 사람임을 벌써 알았소. 나에게는 이 두 부인이 없으면 무엇을 먹어도 맛있을 것 같지가 않구려. 참하는 것만은 참아주시오."

그러나 손무는 단호하게 말했다.

"신은 이미 명령을 받은 장군입니다. 장군 된 자는 진중(陣中)에 있는 한 군명(君命)이라 할지라도 듣지 않는 수가 있습니다(臣既已受命爲將 將在軍 君命有所不受)."

마침내 두 명의 대장을 베어 모두에게 본보기로 보인 다음, 임금이 그 다음으로 사랑하는 두 부인을 세워 대장을 삼았다. 그리고 또 북을 치자, 부인들은 왼쪽이건 오른쪽이건, 앞이건

뒤건, 꿇어앉는 것이건 서는 것이건 모두 규정된 법대로 하였고, 목소리 하나 들리지 않았다. 그러자 손무는 전령을 시켜 왕에게 보고했다.

"이미 군사의 훈련은 끝났습니다. 왕께서는 시험삼아 대(臺) 아래로 내려오셔서 보시도록 하십시오. 왕께서 보내고 싶다고 생각만 하신다면 그곳이 비록 물 속이건 불 속이건 따르지 않는 자가 없을 것입니다."

「삼령오신」은 중요한 일일수록 반복해서 말할 필요가 있으며, 기강이 해이해져서는 절대 안 되는 군대에 어울리는 말이다.

여기서 「일벌백계」 성어가 생겨났다. "하나에게 본을 보임으로써 전체에게 경종을 울리는 방법"으로 쓰였다. 그리고 이런 방법은 고래로 무리를 통솔할 때 자주 이용되어 왔다. 그러나 한편으로는 이것이 능력 없는 지휘자에게는 자칫 무리하게 이용되는 수도 있어, 오늘날의 젊은이들에게는 좋은 뜻으로 해석되지 않는다.

손방투지 孫龐鬪智

손자 孫 어지러울 龐 싸울 鬪 지혜 智

대등한 재능을 지닌 사람들이 지모를 다하여 경쟁하는 것을 비유.

"손빈과 방연(龐涓)이 지혜를 다투다." 라는 뜻으로, 대등한 재능을 지닌 사람들이 지모를 다하여 경쟁하는 것을 비유하는 말이다.

전국시대의 손빈과 방연의 고사(故事)에서 유래되었다.

손빈과 방연은 귀곡자(鬼谷子)의 문하에서 함께 병법을 배웠다. 방연은 위(魏)나라 혜왕(慧王)에게 기용되어 부근의 약소국가들을 정벌하는 공을 세웠다.

제나라 사람인 손빈은 그 재능이 방연보다 한 수 위였다. 혜왕도 손빈의 명성을 듣고 있었으므로, 동문수학한 방연에게 그를 초빙하도록 하였다.

방연은 손빈의 재능을 시기하여, 혜왕에게 손빈이 제나라와 밀통한다고 모함하였다. 손빈은 빈형(臏刑 : 무릎을 잘리는 형벌. 빈은 그런 때문에 붙여진 이름이다)을 당하고, 얼굴에는 죄수임을 나타내는 문자가 새겨졌다. 얼마 뒤 손빈은 위나라를 방문한 제나라 사신들에게 구출되어 제나라로 돌아왔다. 제나라의 대장 전기(田忌)는 위왕(威王)에게 손빈을 천거하였다.

위나라가 조(趙)나라를 공격하자, 조나라는 제나라에 도움을 요청하였다. 위왕은 전기와 손빈을 각각 대장과 군사(軍師)

로 삼아 군대를 파견하였다.

손빈은 조나라를 공격하는 데 병력을 투입하여 방비가 허술해진 위나라의 수도 대량(大梁)을 공격하였다. 그리고는 방연이 조나라 공격을 중단하고 철수하는 길목을 지키고 있다가 공격하여 대승하였다. 「위위구조(圍魏救趙 : 위나라를 포위하여 조나라를 구하다)」라는 성어는 여기서 유래되었다.

위나라는 다시 한(韓)나라를 침공하였다. 제나라 선왕(宣王)은 한나라의 구원 요청을 받고 전기와 손빈을 파견하였다. 손빈은 이번에도 한나라를 구하러 가지 않고 위나라를 공격하였다. 위나라가 대군을 보냈을 때 제나라 군대는 이미 물러간 뒤였다.

방연이 제나라 군대가 머물렀던 곳을 살펴보니 병사들이 솥에 밥을 지어 먹은 흔적이 족히 10만 명은 되는 것 같았다. 그런데 이튿날에는 솥의 숫자가 5만 명으로 줄어 있었고, 그 다음날에는 2만 명으로 줄어 있었다.

방연은 제나라 병사들이 탈영하여 줄어든 것이라 믿고, 이 틈에 제나라를 섬멸하기 위하여 군대를 이끌고 추격하였다. 그래서 보병을 따로 떼어 놓고 가볍게 장비한 정예 기병만을 이끌고 이틀 가야 할 거리를 하루에 달려 제나라 군사를 바짝 뒤따랐다.

손빈은 방연의 행정(行程)을 계산해 보고 바로 저녁때쯤에는 마릉(馬陵 : 산동 박현의 동북쪽)에 도착할 것으로 추정했다. 마릉은 길이 좁고 양쪽에는 험한 산이 많아서 복병을 두기에 안성맞춤인 곳이었다.

손빈은 큰 나무를 골라서 그 껍질을 벗긴 다음 흰 부분에 이렇게 써 놓았다.

"방연은 이 나무 아래서 죽을 것이다(龐涓死於此樹之下)."

이를 본 방연은 즉시 후퇴하려 하였으나 사방에서 제나라 군대가 공격해 왔다. 제나라 군대의 솥 숫자가 줄어든 것은 방연이 경계심을 풀고 공격해 오도록 유도한 손빈의 책략이었던 것이다. 방연은 퇴로가 끊기자 자결하였다.

죽음에 임하여 방연은 이렇게 술회했다.

"기어코 그 녀석(손빈)의 이름을 떨치게 만들었구나!"

제나라 군사는 승세를 몰아서 위나라 군사를 전멸시키고 위나라 태자 신(申)을 사로잡아 가지고 돌아왔다. 손빈의 이름은 이 일로 인하여 천하에 드러났고 그 병법은 세상에 전해졌다.

여기서 유래하여 「손방투지」는 재능이 비슷한 사람이 계책을 써서 기량을 겨루거나, 어제의 친구가 오늘은 원수가 되어 생사를 다투는 일을 비유하는 성어로 사용된다.

圍魏救趙(위위구조) 둘러쌀 圍 나라이름 魏 구할 救 나라이름 趙

위나라의 포위 속에서 조나라를 구한다는 뜻으로, 적의 포위망 속에 든 아군을 구할 때 직접적인 방법보다 적의 약점을 찔러 아군 스스로 돌파하도록 함을 이르는 말.

전국시대인 기원 전 353년, 위나라의 대장 방연(龐涓)이 지휘하는 대군이 질풍 같은 기세로 조나라를 침공하여 수도 한단(邯鄲)을 포위했다.

깜짝 놀란 조나라 임금은 제(齊)나라에 구원을 요청하기로 작정하고 사신을 급파했다. 적의 포위망을 뚫고 달아나 제나라 서울 임치에 도착한 조나라 사신은 위왕(威王)을 배알하고 자국의 어려운 사정을 호소하고 도움을 청했다. 그래서 위왕은 군사(軍師) 손빈(孫臏)을 대장으로 하여 구원군을 출병시키려고 서둘렀다.

이 손빈이란 인물은 손자병법으로 유명한 손무(孫武)의 손자로서 그 역시 상당한 병법가였는데, 그와 적장 방연 사이에는 숙명적인 인연이 있었다.

두 사람은 원래 귀곡선생(鬼谷先生) 밑에서 같이 공부한 친구였다. 그러다가 방연이 먼저 위나라 혜왕(惠王)을 섬기게 되었고, 손빈 역시 뒤따라 혜왕의 신하가 되었는데, 방연은 자기 재능이 도저히 손빈을 따르지 못함을 알고는 그에게 죄를 씌워 빈형(臏刑 : 무릎 뼈를 잘라내는 형벌)에다 이마에 먹글씨를 새기는 형까지 받게 했다. 그 후 제나라 사신이 위나라를 예방했을 때, 사신은 몰래 손빈을 자기 수레에 태워 제나라로 데려갔다. 그로부터 손빈은 제나라 신하가 되었고, 방연에 대해서는 철천지 원한을 품어 복수의 기회를 노렸던 것이다.

임금으로부터 출전 명령을 받은 손빈은 이렇게 말했다.

"불구인 신이 어떻게 대장의 막중한 임무를 맡을 수 있겠습니까. 신은 그저 참모로 참전하여 대장을 보필하는 것으로 족하다고 생각합니다."

그것은 자기 존재를 가능한 한 숨겨 방연에게 경각심을 불어넣지 않겠다는 계산이 깔려 있는 말이었다. 그래서 제나라 군 대장은 전기(田忌)가 맡았고, 손빈은 몰래 참모로서 참전하게 되었다. 수도를 출발하자마자 전기는 곧바로 한단으로 직행하여 위나라군과 격돌하려고 서둘렀으나, 손빈이 침착하게 만류했다.

"그것은 현명한 방책이 아닙니다. 헝클어진 실타래는 실마리를 찾아 잡아당겨야 끝까지 잘 풀리는 법이지요. 지금 위나라의 군세는 몽땅 조나라에 투입되어 있기 때문에 국내에는 노약병들밖에 남아 있지 않습니다. 따라서 우리가 위나라 수도 대량(大梁)을 공격하는 척하면 방연은 조나라를 함락시키는 것보다 자기 나라를 구하는 게 급하므로 허겁지겁 철수할 테지요. 그걸 노려 중간에서 급습하면 승리는 장군의 호주머니에 이미 들어와 있는 것이나 다름없습니다."

전기는 기막힌 작전이라며 기뻐했다.

승리를 눈앞에 두고 한단성 공략에 박차를 가하던 방연은 제나라 군이 급작스럽게 위나라를 침공한다는 보고를 받고 깜짝 놀랐다. 그래서 급히 군대를 수습하여 귀국길에 올랐다.

이 때 조금 앞서서 위나라로 진격해 들어가던 손빈은 원수 방연을 패망시키기 위한 계략을 구사했다. 첫날에는 10만 명분의 솥을 걸어서 밥을 지은 자리를 남겨 놓고 진군하고, 다음날은 5만 명 분, 그리고 사흘째는 2만 명분 하는 식으로 솥을 걸었던 자리의 숫자를 점점 줄여 간 것이다.

이것을 본 방연은 크게 기뻐했다.

"제나라 군병들이 오합지졸들이란 것은 알고 있었지만, 정말 형편없는 놈들이로군. 우리나라에 쳐들어와서 이제 겨우 사흘인데, 도망한 군사가 절반이 훨씬 넘었으니."

그는 자신만만해서 밤낮없이 제나라 군을 뒤쫓았다. 적군의 행군 속도를 계산해 본 손빈은 그 날 해질 무렵이면 그들이 지금의 산동성에 속하는 마릉(馬陵)에 도착하리라 짐작했다. 그 곳은 험한 두 산 사이의 협곡이어서 복병을 숨기기에 알맞은 곳이었다. 손빈은 길 옆 큰 나무의 껍질을 벗기고 거기에 이렇게 써 놓았다.

"방연, 이 나무 아래에서 죽다."

그런 다음 병사들을 길 양쪽에 매복시키고 이렇게 명령했다.

"해질 녘에 불빛이 보이면 화살을 퍼부어라!"

아니나 다를까, 방연이 거느린 위나라 군은 해질 녘에 마릉에 이르렀다. 그런데 큰 나무 밑을 지나가다 보니 뭔가 씌어져 있으므로, 방연은 불을 밝히고 말 위에서 목을 쭉 빼고 그것을 쳐다보았다.

바로 그 순간, 불빛을 본 제나라군은 손빈의 명령대로 일제히 활을 쏘았다. 그 바람에 위나라군은 금방 대오가 흐트러져 아비규환을 연출하고 말았다.

"아하, 내 기어코 그 더벅머리 아이놈에게 이름을 얻게 했구나(遂成豎子之名)!"

이렇게 탄식한 방연은 이게 마지막이구나 생각하고 스스로 목을 찔러 죽었다. 손빈이 위나라 군을 격퇴하고 개선하자, 위왕은 몹시 기뻐하며 손빈을 크게 치하하고 높은 벼슬을 주려 했다. 그러나 손빈은 정중히 사양하고 이렇게 말했다.

"신은 보시다시피 걷지도 못하고, 얼굴은 온통 글자를 떠서 보기 흉한 폐인입니다. 그렇건만 그 동안 전하의 은덕으로 분에 넘치는 높은 벼슬자리를 누렸습니다. 이제 전하의 은혜를 갚았고 신의 원수도 갚았으니 더 무엇을 바라겠습니까. 그러니 산야에 숨어 글이나 읽고 쓰는 생활을 할 수 있도록 선처해 주시면 고맙겠습니다."

위왕은 몇 번 말리다가 안 되자 하는 수 없이 손빈의 청을 받아들였다. 그리하여 시골의 산 하나를 얻은 손빈은 은거하여 비전(秘傳)으로 《손자병법》 13편을 집대성해 위왕에게 바쳤다.

손 무

연저지인 吮疽之仁 빨 吮 등창 疽

순수한 의도에서 우러나온 선행이 아니라, 뭔가 목적을 달성하기 위한 가면적인 선행을 뜻함.

연저(吮疽)는 종기를 입으로 빠는 것을 말한다. 「연저지인」은 남의 종기를 입으로 빠는 것 같은 비정상적인 착한 행동을 말하는 것으로, 그것이 정상적인 성의에 의한 것이 아니고 어떤 목적을 달성하기 위한 가면적인 것을 뜻한다.

오기(吳起)는 공자의 제자 증자(曾子)에게 배운 일이 있다. 그러나 그의 어머니가 죽었다는 소식을 듣고도 집에 돌아가지 않자 증자는 그를 쫓아버렸다.

그 뒤로 그는 병법을 공부했다. 그가 노나라에서 벼슬을 하고 있을 때 제나라가 노나라를 침략해 들어왔다. 노나라 대신들 중에는 오기를 대장으로 추천한 사람도 있었으나, 그의 아내가 제나라 귀족의 딸이란 점에서 반대하는 편이 더 많았다.

그러자 오기는 자기 손으로 아내의 목을 베어 두 마음이 없다는 것을 보였다. 이리하여 노나라 대장이 된 오기는 제나라와 싸워 교묘한 수법으로 한번 싸움에 큰 승리를 거두었다.

그러나 그를 모함하는 사람에 의해 노나라를 탈출해야만 했던 그는 다시 위나라 문후(文侯)에게로 가서 벼슬을 하게 되었다.

위나라 장군이 된 오기는, 신분이 가장 낮은 졸병들과 함께 생활을 했다. 말을 타는 일도 없고 양식을 몸소 메고 갔다. 병졸 가운데 종기를 앓는 사람이 있자 오기는 입으로 종기의 고름을 빨아낸 다음 손수 약을 발라 주곤 했다.

그러자 이 소문을 들은 그 병졸의 어머니가 통곡을 하는 것이었다. 사람들이 의아해 하며 물었다.

"아드님은 병졸에 불과합니다. 장군께서 몸소 종기를 빨아 주었으니 얼마나 영광된 일입니까. 그런데 왜 우십니까(子卒也 而將 軍自吮其疽 何哭爲)?"

그러자 그 어머니는 이렇게 대답했다.

"그런 게 아닙니다. 지난 해에도 오장군이 그 애 아버지의 종기를 빤 일이 있었는데, 그 애 아버지는 싸움터에서 돌아오지 못하고 마침내 적에게 죽고 말았습니다. 오장군이 이번에 또 그 자식을 빨았으니 나는 그 애가 언제 어디서 죽게 될지 알 수가 없습니다. 그래서 우는 것입니다."

결국 종기를 빨아 준 「연저지인」에 감격한 나머지 병졸들은 목숨을 아끼지 않고 장군을 위해 싸워 죽었다는 이야기다.

살처구장 殺妻求將 죽일 殺 아내 妻 구할 求 장수 將

아내를 죽여 장군이 된다는 뜻으로, 명성이나 이익을 얻기 위하여 흉악하고 잔인한 수단을 망설이지 않고 사용함을 비유한 말.

오기(吳起)가 제나라의 침략을 막아낼 노나라 장군으로 천거될 때 그의 아내가 제나라 사람이란 것이 문제되자 아내를 죽이고 장수가 된 데서 유래.

즉, 명리(名利)나 권세를 얻기 위하여 반인륜적인 흉악 잔인한 방법을 쓰는 것을 비유함.

전국시대, 병법에 뛰어난 오기(吳起, BC 440~BC 381)라는 사람이 있었다. 그는 위(衛)나라 사람으로서 부유한 가정의 출신이었다. 그는 젊었을 적 공명(功名)을 얻기 위하여 여러 곳을 돌아다녔으나 결국 아무것도 이루지 못하였다.

고향 사람들이 자신을 비웃자, 오기는 자신을 조롱한 사람 30여 명을 죽이고 밤을 틈타 위나라를 도망쳐 나왔다. 그는 어머니와 이별하면서 대부나 재상이 되어 돌아오겠다고 말하면서, 자신의 팔뚝을 물어뜯었다.

그 길로 그는 노(魯)나라로 향했다. 노나라에서는 공자의 제자인 증자(曾子 : 曾參)의 제자가 되어 열심히 공부하고 증자의 아들인 증신(曾申)과 절친하여 그의 천거를 받았으며, 제(齊)나라의 대부 전거(田居)가 노나라를 방문했을 때 이웃집에 있는 오기의 열성적인 학문 태도를 보고 증신의 소개로 만나게 되었다.

대화를 통해 오기가 비범한 인재임을 알아본 전거는 어질고 미인인 자신의 딸을 주어 사위로 삼았다. 그야말로 최고의 혼인이었으므로 둘은 매우 행복하게 살았다. 그러나 고향 위나라에서 모친의 사망 소식이 왔을 때 그는 대부나 재상이 되어서야 돌아오겠다고 한 자신의 맹세를 지켜 달려가 상을 치르지 않아 스승 증자로부터 절연당했다.

얼마 후, 제나라가 노나라를 침략하게 되자 노나라 목공(穆公)은 오기를 장군으로 임명하려 하였으나, 그가 제나라 대부 전거의 사위라는 점 때문에 결정을 내릴 수가 없었다.

이런 사실을 알아차린 오기는 공명을 얻고자 하는 마음에서 조금도 망설이지 않고 자신의 아내를 죽임으로써 제나라와 아무런 관계가 없음을 증명해 보였다(吳起于是欲就名 遂殺其妻 以明不與齊也).

그러나 목공은 오기가 너무 잔인하다고 생각하여 그를 해임하고 말았다. 이에 오기는 위(魏)나라로 향하게 된다.

在德不在險 (재덕부재험)

덕 德 험할 險

나라가 안전한 것은 임금의 덕에 달려 있지 산천이 험한 것에 있지 않다는 말.

오기(吳起)는 위(衛)나라 사람으로 용병술을 좋아했다. 일찍이 증자(曾子)에게서 배우고, 노(魯)나라 임금을 섬겼다. 나중에 오기는 위문후(魏文侯)를 섬기게 되어, 서하(西河) 태수로 있으면서 많은 전공을 세웠다. 그러다가 문후가 죽자 다시 문후의 뒤를 이은 무후(武侯)를 섬기게 되었다.

어느 날 무후는 오기와 함께 서하에 배를 띄우고 좌우 산천을 구경하며 내려갔다. 한 중간쯤 가서 무후는 오기를 돌아보며 이렇게 말하며 못내 자랑스러워했다.

"참 아름답구려. 산과 물이 이토록 천험의 요새를 이루고 있으니 이야말로 위나라의 보배가 아니겠소(美哉乎山河之固此魏國之寶也)!"

그러자 오기가 말했다.

"나라의 보배는 임금의 덕에 있지 산천의 험한 것에 있는 것이 아닙니다(在德不在險)."

그리고는 옛날 역사를 들어 모든 나라들이 망한 것은 지리가 험하지 않아서가 아니라 임금이 백성을 사랑하지 않고 정치를 올바로 하지 않았기 때문이란 것을 설명했다. 그러고 나서 다시 이렇게 말했다.

"이런 것으로 보아도 나라의 보배는 임금의 덕에 있는 것이지 험준한 요새에 있는 것이 아님을 알 수 있습니다. 만약 임금이 덕을 쌓지 않으신다면 이 배 안에 있는 사람들도 모두 적국인이 되는 것입니다(由此觀之 在德不在險 若君不修德 舟中之人盡爲敵國也)."

무후는 오기의 이 말에 크게 감명을 받고 그를 다시 서하태수로 임명했다는 것이다. 그러나 실상 오기는 덕이 있는 사람은 아니었다.

舟中敵國 (주중적국)

배 舟 원수 敵

배 안에 적국이 있다. 곧, 군주가 덕을 닦지 않으면 같은 배를 타고 운명을 같이하는 사람도 곧 적이 됨을 비유하는 말.

전국시대의 병법가 오기(吳起)의 고사(故事)에서 유래되었다.

문후는 오기가 용병에 능할 뿐 아니라, 청렴하고 공평하여 유능한 사람이라면 누구나 기용해서 병졸들에게 인망을 얻고 있는 것을 알아차리자, 그를 서하(西河 : 섬서의 동쪽) 태수로 임명하고 진(秦)나라와 한(韓)나라를 막게 했다.

위나라의 문후가 죽은 다음 오기는 그의 아들 무후(武侯)를 섬겼다. 어느 땐가 무후가 서하에 배를 띄우고 중류에까지 내려왔을 때 오기를 돌아보고 말했다.

"참으로 아름답구려. 이 험준한 산하(山河)야말로 위나라의 보배로구려."

그러자 오기가 대답했다.

"나라의 보배는 임금의 덕망에 있는 것이지 험준한 산하에 있는 것은 아닙니다(在德不在險). 옛날 삼묘씨(三苗氏)의 나라는 동정(洞庭)을 왼쪽으로 끼고, 팽려(파양)를 오른쪽에 끼고 있었지만, 임금이 덕을 쌓지 못했기 때문에 우(禹)에게 멸망했습니다.

하(夏)나라의 걸왕(桀王)이 도읍한 곳은 하(河)·제(濟)를 왼쪽에 끼고, 태(泰)·화(華)를 오른쪽에 끼고, 이궐(伊闕)이 그 남쪽에 있으며, 양장(羊腸)이 그 북쪽에 있었습니다. 그러나 정치가 불인(不仁)했기 때문에 은(殷)나라 탕왕(湯王)에게 쫓겨났습니다.

은나라 주왕(紂王)의 나라는 맹문(孟門)을 왼쪽에 끼고, 태행(太行)을 오른쪽에 끼고, 상산(常山 : 항산)이 북쪽에 있었으며, 대하(大河 : 황하)가 남쪽에 돌고 있건만 정치가 부덕하였던 까닭에 주(周)나라 무왕(武王)에게 죽었습니다.

이런 것으로 보아도 나라의 보배는 임금의 덕에 있는 것이지 험준한 요새에 있는 것이 아님을 알 수 있습니다. 만약 임금이 덕을 쌓지 않으신다면 이 배 안에 있는 사람들도 모두 적국인이 되는 것입니다(若君不修德 舟中之人盡爲敵國也).”

여기서 유래하여 「주중적국」은 군주가 덕을 닦아 올바른 정치를 펴지 않으면 자기편도 적으로 변할 수 있음을 비유하는 성어로 사용된다.

능언지자 미필능행
能言之者 未必能行

말 잘하는 사람이 반드시 실천가는 아님을 이르는 말.

사마천은 손자와 오기를 평해서 이렇게 말했다.

“항간에 군사를 논하는 사람은 《손자(孫子)》 13편을 운운하고, 또 《오기병법》도 세상에 많이 전해지고 있다. 그러므로 여기서는 그것들은 논하지 않고, 두 사람의 행적과 시행 설계의 사적을 논했다. 옛말에 이르기를, ‘말 잘하는 자가 반드시 능히 행하는 자는 아니다(能言之者 未必能行).’ 라고 했다. 손빈이 방연을 속여서 죽인 것은 사실이다. 그러나 자신이 형벌을 당할 것을 미리 방지하지는 못했다. 오기는 무후(武侯)

에게 산하의 험준함이 덕에는 미치지 못한다(在德不在險)고 설명하면서도 자신이 초나라에서 행한 정치는 각박하고 몰인정한 것이었다. 그 때문에 그는 자신의 몸을 잃었다. 이 얼마나 슬픈 일인가!"

오 기

오자서열전(吳子胥列傳)

掘墓鞭屍(굴묘편시)

팔 掘 무덤 墓 채찍 鞭 주검 屍

묘를 파헤쳐 시체에 매질을 한다는 뜻으로, 통쾌한 복수나 가혹한 행동을 일컫는 말.

간신의 농간으로 충신을 역적으로 몰아 오자서의 아버지와 형을 죽인 초나라 평왕(平王)이 죽은 뒤 오자서에 의해 그의 무덤이 파헤쳐지고 시체가 채찍을 받게 되었다.

「굴묘편시」란 통쾌한 복수의 뜻으로도 쓰이지만, 좀 지나친 행동의 경우를 말할 때도 쓰인다. 아무튼 신하로서 임금의 무덤을 파서 그 시체에 매질을 했다는 것은 놀라운 사실이 아닐 수 없다.

오자서는 이름을 운(員)이라 했다. 자서는 그의 자(字)다. 오자서의 아버지 오사(伍奢)는 초평왕의 태자 건(建)의 태부로 충신이었는데, 같은 태자 건의 소부(少傅)였던 비무기의 음모에 의해 억울한 죽음을 당하게 되었다.

오사를 죽이는 데 성공한 비무기(費無忌)는 다시 평왕을 시켜 오사의 아들 오상(伍尙)과 자서를 죽일 음모를 꾸민다. 그러나 오상만이 아버지를 따라 죽고 자서는 그 음모를 미리 알아차리고 망명길을 떠나게 된다.

왕은 오자서를 잡기 위해 전국에 영을 내려 길목을 지키게 하고, 거리마다 오자서의 화상을 그려 붙이고 많은 현상금과 무시무시한 형벌로 아무도 오자서를 숨겨주지 못하게 했다.

오자서는 키가 열 자에 허리가 두 아름이나 되었고, 쟁반만 한 얼굴에 두 눈은 샛별처럼 빛나고 있었기 때문에 변장으로 사람의 눈을 피할 수는 없었다. 그는 낮에는 산 속에 숨고 밤에만 오솔길을 찾아 도망을 해야 했다.

이렇게 천신만고 끝에 오나라로 망명한 오자서는 마침내 뜻을 이루어 오나라의 강한 군사를 거느리고 초나라로 쳐들어가게 되었다. 초나라는 여지없이 패해 수도가 오나라 군사 손에 떨어지고, 평왕은 이미 죽고 그의 아들 소왕(昭王)은 태후와 왕비마저 버린 채 간신히 난을 피해 도망을 치게 된다.

소왕을 놓쳐버린 오자서는 평왕의 무덤을 찾았다. 그러나 평왕은 오자서의 복수가 두려워 그의 무덤을 깊은 못 속에 만들고, 일을 다 끝낸 뒤 일에 동원된 석공 5백 명을 모조리 물속에 수장시켜 버렸다.

수십 리에 걸친 못에는 물만 출렁거릴 뿐 어느 곳에 묻혀 있는지 위치마저 짐작할 길이 없었다.

오자서는 죽은 아버지와 형, 그리고 자신이 망명해 나올 때

겪은 고초 등을 회상하며 땅이 꺼질 듯한 한숨을 내쉬며 몇몇 날을 두고 못 둑을 오르내렸다.

그렇게 애쓰며 전전긍긍하던 어느 날 저녁 무렵, 백발이 성성한 한 늙은이가 오자서의 앞으로 다가오며 이렇게 물었다.

"장군은 선왕의 충신 오태부의 아들 자서가 아닙니까?"

자서가 말했다. "그렇습니다만, 노인은 누구시오?"

노인이 말했다. "장군은 지금 죽은 평왕의 시체가 묻힌 곳을 찾고 있지 않습니까?"

"아, 네. 그렇습니다만?"

반가워서 다그쳐 묻는 자서의 말에 노인이 대답했다.

"시체가 묻힌 곳은 내가 알고 있습니다. 나는 무덤을 만들기 위해 징발되어 온 5백 명의 석공 중 한 사람입니다. 5백 명이 다 물 속에서 죽고 나만이 어떻게 살아남게 되었습니다. 장군의 복수도 복수지만, 나도 장군의 힘을 빌려 억울하게 죽은 내 동지들의 원수를 갚으려는 것입니다."

이리하여 이튿날, 노인의 지시에 따라 장롱 같은 돌로 만들어진 물속의 무덤을 하나하나 뜯어내기 시작했다. 못 바닥 몇 길 밑에 들어 있는 돌무덤을 열고 엄청나게 무거운 석곽을 들어올렸다. 그러나 그 속에서 평왕의 시체는 볼 수 없었다.

그것은 사람의 눈을 속이기 위한 가짜 널이었다. 다시 한

길을 파내려가니 진짜 널이 나왔다. 수은으로 채워진 널 속에 들어 있는 평왕의 시체는 살아 있을 때 모습 그대로였다. 순간 오자서의 복수심은 화약처럼 폭발했다. 왼손으로 평왕의 목을 조르고 무릎으로 그의 배를 누른 다음 오른 손가락으로 그의 눈을 잡아 뽑으며 욕을 했다.

"충신과 간신을 구별 못하는 네놈의 눈을 뽑아 버리겠다……."

그리고는 그의 아홉 마디 철장(鐵杖)으로 시체를 엎에 뉘어 놓고 3백 대를 쳤다. 뼈와 살이 흙과 함께 뒤범벅이 되었다.

오자서는 초나라 대부 신포서(申包胥)와 친하게 지냈었는데, 오자서가 망명길에 오를 때 신포서에게 말했다. "나는 기어코 초나라를 뒤엎고 말 테다."

포서가 말했다. "나는 반드시 초나라를 지키겠다."

그런데 오나라 군사가 영을 공격하였을 때 오자서는 초 소왕을 잡으려 했으나 뜻을 이루지 못했으므로 초 평왕의 무덤을 파헤쳐서 시체를 꺼내어 채찍질을 3백 번 가한 것이었다.

산중으로 피난을 갔던 신포서는 오자서에게 사람을 보내 이렇게 전했다.

"그대의 복수는 너무 심하지 않은가! 내가 듣건대, '사람의 수가 많으면 한때는 하늘을 이길 수 있지만, 하늘이 뜻이 정해

지면 또 능히 사람을 깨뜨린다.' 고 했다. 그대는 원래 평왕의 신하로서 몸소 그를 섬겼는데, 지금 그 평왕의 시체를 모욕하였으니 이보다 더 천리에 어긋난 일이 또 어디에 있겠나!"

그 말에 오자서도 할 말이 없었든지 이렇게 전해 보냈다.

"나는 날이 저물고 길이 멀어서, 그렇기 때문에 거꾸로 걸으며 거꾸로 일을 했다(吾日暮塗遠 吾故倒行而逆施之)."

여기서 또 「일모도원(日暮途遠)」이란 말과 「도행역시(倒行逆施)」란 말이 생겨났다.

「일모도원」은, 날은 저물고 갈 길은 멀다는 뜻으로, 할 일은 많지만 시간이 없음을 비유하는 말이다.

「도행역시」는, 차례를 거슬러서 행한다는 뜻으로, 사리에 어긋나게 행동하는 것을 비유하는 말이다.

날은 저물고 갈 길은 멀다는 뜻으로, 할 일은 많지만 시간이 없음을 비유하는 말.

그 후 신포서는 진(秦)나라의 도움을 받아 초나라를 부흥시켰고, 오자서는 도리어 오왕 부차에게 살해되고 말았다.

日暮途遠 (일모도원)

날 日 저물 暮 길 途 멀 遠

날은 저물고 갈 길은 멀다는 뜻으로, 늙고 쇠약한데 앞으로 해야 할 일은 많음.

춘추시대 말기 오(吳)나라는 초(楚)를 평정하고 급격히 그 세를 불려 한때는 중원의 패권을 넘보기까지에 이르렀다. 오나라가 이렇게 강대해진 것은 초나라에서 망명해 온 오자서 때문이었다.

오자서의 아버지 오사(伍奢)는 초 평왕(楚平王)의 태자 건(建)의 태부였다. 평왕 2년 소부(小傳)인 비무기(費無忌)의 참언으로 아버지 오사와 형 오상(伍尙)이 죽음을 당하자 오자서는 초를 도망쳐 나와 아버지의 원수를 갚기 위해 이를 갈고 있었다.

오왕 요(僥)와 공자 광을 알현한 오자서는 공자 광이 왕위를 은근히 탐내며 자객을 구하고 있는 것을 알고, 전제(專諸)라는 자객을 구해서 공자 광에게 보내고 자신은 농사일에 전념하면서 공자 광이 목적을 달성하는 날만을 기다렸다.

오왕 요의 12년(BC 512년), 초평왕이 죽고 비무기가 평왕에게 바친 진녀(秦女)의 몸에서 태어난 진(軫 : 소왕)이 위에 올랐다. 당연히 비무기의 전횡은 극에 달했다. 그러나 1년이 못 가서 내분이 일어나 비무기는 살해되었다.

오자서는 자기가 해치워야 할 원수 둘을 계속 잃게 되었다. 하지만 초나라로 쳐들어가 아버지와 형의 원수를 갚겠다는 일념은 조금도 식지 않았다.

비무기가 살해되던 해, 오왕 요는 초의 내분을 틈타 단숨에 이를 치고자 대군을 초로 출병시켰다. 그런데 또 그 틈을 타서 공자 광은 자객 전제를 시켜 왕 요를 살해하고 스스로 왕위에 올랐다. 그가 바로 오왕 합려(闔閭)이다.

그로부터 오자서는 손무(孫武 : 손자)와 함께 합려를 도와 여러 차례 초나라로 진격해 마침내 합려 왕 9년(BC 506) 초의 수도 영(郢)을 함락시켰다. 오자서는 아버지와 형의 원수를 갚으려고 소왕(昭王)을 찾았으나 소왕은 이미 운(鄖)으로 도망쳐 목적을 달성하지 못했다. 그래서 평왕의 무덤을 파고 그 시체에 3백 대의 매질을 하여 오랜만에 한을 달랬다. {☞ 굴묘편시(掘墓鞭屍)}

오자서가 초에 있을 때 친교가 있던 신포서(申包胥)라는 사람은 이때 산속에 피해 있었으나, 오자서의 그런 행태를 전해 듣고 사람을 통해 오자서의 보복이 너무나도 심한 것을 책망하고 그 행위를 천리(天理)에 어긋난다고 말했다. 그에 대해서 오자서가 신포서에게 보낸 답신에 있는 말이 바로 이 성구인 것이다.

「나를 대신해서 신포서에게 고맙다는 말을 전해주게. 나는 지금 해는 지고 갈 길은 멀다. 그래서 나는 사리에 어긋나게 복수를 할 수밖에 없었네(爲我謝申包胥 我日暮途遠 我故倒行而逆施之)」

즉 자신은 나이가 들고 늙어 가는데 할 일은 많다. 그래서 이치에 따라서 행할 겨를이 없다는 말이다.

여기에서 「차례를 바꾸어서 행한다」는 뜻으로 「도행역시(倒行逆施)」라는 성구도 나왔다.

그 후 신포서는 소왕을 찾아가 나라를 부흥시킬 계획을 상의하였으나 힘이 없었다. 신포서는 소왕의 외할아버지인 애공(哀公)이 다스리는 진(秦)나라로 가서 초나라가 망하면 진나라도 결코 안전하지 못할 것이라며 도움을 청하였다. 그러나 애공은 전쟁을 벌일 마음이 없어 응하지 않았다.

신포서는 진나라 궁정의 담벼락에 기대앉아서는 7일 동안 물도 한 모금 마시지 않고 밤낮으로 쉬지 않고 곡을 하였다(立依於庭牆而哭 日夜不絕聲 勺飲不入口 七日).

애공은 결국 신포서의 충정에 감동하여 군대를 일으켜 오나라를 공격하였다. ☞ {진정지곡(秦庭之哭)}

신포서는 진(秦)나라의 도움을 받아 초나라를 부흥시켰고, 오자서는 도리어 오왕 부차에게 살해되고 말았다.

중니제자열전(中尼弟子列傳)

과유불급 過猶不及 　　지날 過 미칠 及

지나침은 미치지 못함과 같다.

여러 가지 면에서 깊은 뜻이 있는 말이다. 경우에 따라서는 지나침이 미치지 못함만 못할 수도 있다. 지나치지도 않고 모자람도 없는 중용(中庸)의 문제를 거론한 것이다.

속담에 "박색 소박은 없어도 일색 소박은 있다."고 했다. 얼굴이 너무 예쁜 것보다는 못난 편이 낫다는 결론이 된다.

이 말은 원래 《논어》 선진편(先進篇)에 나오는 말로서 《사기》 중니제자열전에 인용하고 있다.

자공(子貢)이 공자에게 물었다.

"사(師 : 子張의 이름)와 상(商 : 子夏의 이름)은 누가 어집니까?"

공자가 대답했다. "사는 지나치고 상은 미치지 못한다."

자공이 다시 물었다. "그럼 사가 낫단 말씀입니까?"

그러자 공자가 말했다.

"지나침은 미치지 못함과 같다(過猶不及)."

자장과 자하는 《논어》의 기록을 통해 볼 때 퍽 대조적인 인물이었다. 자장은 기상이 활달하고 생각이 진보적이었는 데 반해, 자하는 만사에 조심을 하며 모든 일을 현실적으로만 생각했다.

친구를 사귀는 데 있어서도, 자장은 천하 사람이 다 형제라는 주의로 모든 사람을 동등하게 대했는데, 자하는 "나만 못한 사람을 친구로 삼지 말라." 고 제자들에게 가르쳤다.

그러나 공자가 말한 「과유불급」은, 굳이 두 사람에게 국한된 것이 아니고 일반적인 원칙을 말한 것이다. 그러면 그 지나치다, 혹은 미치지 못한다 하는 표준은 어디에 두어야 할 것인가?

그것은 한 마디로 중용(中庸)인 것이다. 미치지 못하지도 않고 지나치지도 않은 중용이란 말은 다시 시중(時中)이란 말로 표현된다. 시중은 그때그때 맞게 한다는 뜻이다.

어제의 중용이 오늘에도 중용일 수는 없다. 이것이 꼭 옳다, 이렇게 하는 것이 영원불변의 진리다 하는 것은 있을 수 없는 것이다. 그것은 손으로 만져 쥐어 보일 수도 없는 것이다. 모든 것을 환히 통해 아는 성인이 아니고서는 이 시중을 행할 수 없는 것이다.

그러기에 공자는 말하기를, "천하도 바로잡을 수 있고, 벼슬도 사양할 수 있고, 칼날도 밟을 수 있지만, 중용만은 할 수 없다." 고 했다.

「과유불급」이란 말과 중용이란 말을 누구나 입으로 말하고 있지만, 공자의 이 참뜻을 안 사람은 드물다. 공자를 하늘처럼 받들어 온 선비란 사람들이 고루(古陋)한 형식주의와 전통주의에 빠져 시대를 그릇 인도하고 나라를 망치게 한 것도 이 과유불급과 중용의 참뜻을 이해하지 못한 때문이었다.

焦脣乾舌 (초순건설)

태울 焦 입술 脣 마를 乾 혀 舌

입술이 타고 혀가 마른다는 뜻이다.

입술이 타고 혀가 마르도록 말을 많이 하는 것을 말한다. 그러나 생각을 많이 하여 잠을 이루지 못해 입술이 타고 혀가 마를 경우에도 이 말을 쓴다. 무슨 특별한 다른 뜻이 있는 것이 아니고 단지 사실 그대로의 현상을 과장해서 말한 것에 불과하다.

자공(子貢)이 공자의 부탁을 받아 노나라를 침략해 오는 제나라 군사를 물리치기 위해서, 제・오・월・진(晋)나라 등 각국을 돌아다닌 일이 있다. 그가 오나라를 거쳐 월나라로 갔을 때의 일이다. 월왕 구천(句踐)이 자공을 뜰 밖에까지 나와 맞으며 먼 길을 찾아와 준 것에 치하하자, 자공은 월왕의 심중에 있는 말을 지적해 내며 그의 마음을 격동시켜 주었다.

그러자 월왕 구천은 머리를 조아려 절을 하며 말했다.

"내 일찍이 힘을 헤아리지 못하고 오나라와 싸워 회계(會稽)에서 패하고 이로 인한 굴욕과 고통이 골수에까지 사무쳐 낮이나 밤이나 입술을 타게 하고 혀를 마르게 하며, 그저 오왕과 함께 죽기가 소원입니다(孤嘗不料力 乃與吳戰 因於會稽 痛入於骨髓 月夜焦脣乾舌 徒欲與吳王接踵而死 孤之願也)." 하고 말했다.

여기서「초순건설」이란 말은「노심초사(勞心焦思)」와 같은 뜻으로 풀이될 수 있다. 그러나 "입술이 타고 혀가 마르도록 타일러도 말을 듣지 않는다." 고 할 때와 같은 뜻으로 많이 쓰이고 있다.

공자의 제자들

상군열전(商君列傳)

法之不行自上征之 (법지불행자상정지)　칠 征

"법이 행하여지지 않는 이유는 위에서 그것을 지키지 않기 때문이다."라는 뜻으로, 솔선수범하여 법을 지켜야 할 윗사람들이 법을 어기기 때문에 아랫사람들도 법을 지키지 않는다는 말이다.

《사기》 상군열전에 있는 이야기다.

법가(法家)의 대표적인 철학자 가운데 한 사람인 상앙(商鞅)이 한 말에서 나왔다. 상앙은 진(秦)나라 효공(孝公) 때 재상으로 있으면서 여러 가지 강력한 법령을 시행하였다. 부국강병의 일환으로 시행하긴 했지만, 워낙 위반했을 때 받는 형벌이 엄격했기 때문에 사람들 사이에서 법령에 대한 원성이 날로 높아 갔다.

그러던 어느 날, 태자가 새로 시행한 법령을 어기는 일이 발생했다. 상앙은 좋은 기회다 싶어 즉시 태자를 형벌에 처하려고 하였다.

"법령이 제대로 시행되지 않는 것은 위에 있는 사람들부터 이를 어기기 때문이다(法之不行自上征之). 태자라 해서 면

책이 있을 수 없다."

그러나 대통을 이어갈 태자에게 형벌을 가할 수는 없었기 때문에 대신 태자의 태부(太傅)인 공자 건(虔)을 처벌하고, 스승인 공손고(公孫賈)에게는 묵형(墨刑)에 처했다.

묵형이란 죄목을 이마에 먹물로 새겨 넣는 형벌이다. 이렇게 되자 백성들 중에서 감히 법령을 어기려는 사람이 없게 되었고, 10년이 지나자 진나라에는 좀도둑 하나 나오지 않았다.

또 상앙은 법령에 대해 좋다 나쁘다 말하는 사람은 모두 변방 요새로 내쫓아 버렸기 때문에 그야말로 법령에 맹종하는 사람 이외에는 아무도 없게 되었다.

이런 상앙의 정책에 힘입어 진나라는 일약 천하의 강국으로 발돋움할 수 있었다. 그러나 효공이 죽고 태자가 왕위에 오르자 평소 그의 정책에 대해 반감을 가지고 있었던 태자는 그를 체포해 거열형(車裂刑)에 처하고 말았다. 거열형은 팔다리를 말에 묶어 잡아당겨 찢어 죽이는 형벌이다.

사목지신 徙木之信

옮길 徙

속이지 않는다는 것을 밝히는 일.

위정자가 나무 옮기기로 백성들을 믿게 한다는 뜻으로, 남을 속이지 않거나 약속을 반드시 지킨다는 말.

진(秦) 효공(孝公)에게는 상앙(商鞅)이라는 재상이 있었다. 상앙은 위(衛)나라의 공족(公族) 출신이었으며 법률에 밝았다. 상앙이 표방한 것은 법치주의를 바탕으로 한 강력한 부국강병책이었는데, 이것은 훗날 시황제가 천하통일을 할 수 있었던 기틀이 되었다.

상앙이 한번은 법을 제정해 놓고 공포를 하지 않았다. 백성들이 믿지 않을 것을 염려했기 때문이다. 상앙은 백성들의 불신을 없애기 위한 계책을 세웠다. 상앙은 3장 되는 높이의 나무를 남문 저잣거리에 세우고 표지에 이렇게 써 놓았다.

"이 나무를 북문으로 옮기는 사람에게 10금(金)을 준다."

그러나 누구나 이상하다고 생각했던지 옮기려는 사람이 없어서 다시 이렇게 썼다.

"이 나무를 북문으로 옮기는 사람에게는 50금을 준다."

그러자 어떤 사람이 이 나무를 북문으로 옮겼다. 그는 그 즉시로 50금을 받았다. 이렇게 해서 백성을 속이지 않고 약속은 반드시 지킨다(徙木之信)는 굳은 믿음을 갖게 한 다음 법령을 공포했다. 그러나 이 법령이 시행되자 1년 사이에 진(秦)나라 서울에 나와서 신법령의 불편을 호소한 백성이 천 명에 이를 정도였다. 그러는 동안에 태자가 법을 범했다. 위앙은 이렇게 말했다.

"법이 제대로 지켜지지 않는 것은 윗사람부터 법을 범하기 때문이다."

그는 법에 따라 태자를 처벌하려고 했다. 그러나 태자는 임금의 뒤를 이을 사람인 까닭에 처벌하기 곤란하다 하여 태자의 태부(太傅)인 공자 건(虔)을 처벌하고, 스승인 공손고(公孫賈)를 자자형(刺字刑 : 이마에 글자를 넣는 형)에 처했다. 그 이튿날부터 진나라 사람들은 모두 법을 따랐다.

법을 시행한 지 10년, 진나라 백성들은 크게 기뻐했으며, 길위에 떨어진 유실물조차 주우려는 자가 없었다(道不拾遺). 산속에도 도둑이 없었으며, 집집마다 생활이 넉넉했고, 사람마다 만족했다.

인간관계에서 중요한 덕목 가운데 하나가 바로 신의이다. 부부 사이, 친구 사이에 신의가 지켜져야만 관계가 원만하게 이루어질 수 있다. 반대 되는 말은 「식언(食言)」이다.

杜門不出 (두문불출)

막을 杜

〈상군열전〉, 〈염파·인상여열전〉, 〈사마상여열전〉에 나오는 성어다.

문을 닫아걸고 집 안에만 틀어박혀 밖으로 나다니지 않음. 세상과 인연을 끊고 출입을 하지 않음을 이르는 말이다.

〈상군열전(商君列傳)〉에 있는 이야기다.

상앙(商鞅)과 진나라의 숨어사는 선비 조양(趙良)이 논쟁하는 장면이 나오는데, 조양이 다음과 같이 상앙을 책하고 있다.

"《시경》에 '쥐에게도 예의가 있는데 사람이면서 예의가 없네. 사람이면서 예의가 없다면 어찌 속히 죽지 않는가.' 라는 구절이 있거니와, 이 시구에서 보더라도 상군께서 하시는 일은 천수를 누릴 수 없을 것입니다. 공자 건(虔)은 코를 잃은 것을 부끄럽게 생각하며 문을 닫고 밖에 나오지 않기(杜門不出) 8년에 이르렀습니다."

〈염파·인상여열전〉에는, 조(趙)나라 북쪽 변방을 지키던 이목(李牧)이라는 장군의 일화가 실려 있다.

이목은 흉노가 쳐들어오면 성안으로 물러나 싸우지 않아, 흉노는 이목을 겁쟁이라 하였고, 조나라 병사들마저도 장군을 비겁하다고 생각하였다.

조나라 왕은 화가 나서 이목을 불러들이고 다른 사람을 장군으로 삼았다.

이로부터 일년 남짓한 동안에 흉노가 쳐들어올 때마다 조나라 군대는 나가 싸웠지만 그때마다 불리하여 잃는 것이 많았고, 변방을 지키는 백성들은 농사를 짓거나 가축을 기를 수 없었다.

조나라 왕이 다시 이목을 불렀지만, 이목은 문을 걸어 닫고 나오지 않으며(杜門不出) 병을 핑계로 완강히 사양했다. 조나라 왕이 다시 강제로 그를 조나라 군대의 장군으로 임명했다.

이목이 말했다.

"왕께서 저를 꼭 기용하신다면 저는 앞서의 방침을 바꾸지 않는다는 조건으로 명령에 따르겠습니다."

왕은 그렇게 하도록 허락했다.

〈사마상여열전〉에는, 사마상여와 탁문군(卓文君)이 눈이 맞아 혼인하려 하자, 탁문군의 아버지인 탁왕손(卓王孫)이 반대하는 대목이 나오는데, 사마상여는 탁문군과 임공으로 도망가서 말과 수레를 모두 팔아 선술집을 열고 술장사를 한다.

문군에게는 노(鑪 : 사방을 흙으로 에워싸고 가운데 술항아리를 두어 술을 데울 수 있게 만든 화로)에 앉아 술을 팔도록 하고, 상여 자신은 독비곤(犢鼻褌)을 입고 머슴들과 함께 허드렛일을 하고 저잣거리에서 술잔을 닦았다.

탁왕손은 이 소문을 듣고 부끄러워 문을 닫아걸고 나가지 않았다(杜門不出).

천 인 지 낙 낙 불 여 일 사 지 악 악

千人之諾諾不如一士之諤諤 승낙할 諾 곧은말할 諤

천 명의 아부하는 소리가 한 명의 정직한 충고만 못하다는 뜻.

상앙은 위(衛)나라 임금의 후궁 소생으로 공손(公孫)으로 행세했고, 조국을 떠난 뒤부터는 위앙(衛鞅)으로 행세를 했다. 그 뒤 진효공(秦孝公)의 재상으로 크게 공을 세워 상군(商君)에 봉해짐으로써 상앙이라 부르게 되었다.

상앙이 임금의 신임 아래 독재를 10년 동안 계속하자, 살얼음 같은 공포분위기 속에서도 나라는 부강해지고 있었다.

하루는 옛날 친구의 소개로 알게 되었던 조량(趙良)이란 사람이 찾아왔다. 상앙은 자기의 공로를 자랑하며 백리해(百里奚)와 비교해서 어느 쪽이 나으냐고 물었다. 백리해는 진목공(秦穆公)을 도와 패천하를 한 어린 재상이다.

조량은 이렇게 대답했다.

"1천 마리의 양가죽이 있더라도 한 마리 여우의 겨드랑이 밑 가죽만 못하고, 1천 명의 순순한 복종도 한 선비의 직언에는 미치지 못합니다(千羊之皮 不如一狐之腋 千人之諾諾 不如一士之諤諤). 주(周)의 무왕은 신하의 직언에 의해 번영했고, 은(殷)의 주왕은 신하의 순순한 맹종에 의해 멸망했습니다. 당신께서 만약 무왕을 비난하지 않을 수 있다면 내가 온종일 당신에게 직언하더라도 그 불손함을 처벌하지 않기 바랍니다."

그러면서 그의 잘못된 정치와 그릇된 망상을 낱낱이 지적하고, 곧 선후책을 강구하여 머지않아 밀어닥칠 화를 미연에 방지하라고 충고했다. 그러나 상앙은 조량의 충고대로 벼슬과 봉지(封地)를 나라에 도로 바칠 생각은 없었다.

조량이 다녀간 다섯 달 후에 효공이 죽고 태자가 뒤를 잇자 원수진 사람들이 상앙을 반역자로 고발했다. 이리하여 그는 함양 시가에서 다섯 마리 소가 끄는 수레에 머리와 사지가 찢기어 죽는 참혹한 거열형(車裂刑)에 처해져 최후를 마치게 된다.

危若朝露(위약조로) 위태로울 危 같을 若 아침 朝 이슬 露

위태롭기가 마치 해가 뜨면 곧 말라 없어질 아침이슬과도 같음. 인생의 무상을 비유하여 이르는 말.

전국시대 위(衛)나라 왕의 소실(小室)에게서 태어난 공손앙(公孫鞅)이라는 유명한 정치가가 있었는데, 사람들은 그를 위앙(衛鞅)이라 불렀다.

그는 진(秦) 효공(孝公)에 의해 상국(相國)에 임명되었다. 그는 10년 동안 재임하면서 신법(新法)을 추진하여 진나라의 세력을 크게 강화시켰다.

공손앙의 업적을 표창하기 위해, 진효공은 상(商)지방의 땅 15읍을 그에게 하사하고, 그를 상군(商君)으로 호칭하였다. 이 때문에 그를 상앙(商鞅)이라 부르기도 한다.

상군이 진나라 재상에 오른 지 10년이 되었다. 왕실의 일족이나 외척 중에는 상군을 원망하는 자가 많았다. 이 무렵 조량(趙良)이라는 사람이 상군을 찾아왔다.

상군이 그에게 말을 꺼냈다.

"나는 당신과 교제하기를 원하는데 어떠하오?"

조량이 대답하였다.

"저는 굳이 사귀기를 원치 않습니다. 저는 불초(不肖)하여 재상의 명령을 따를 수 없습니다."

"그렇다면 그대는 나의 진(秦)나라 통치를 마땅치 않게 생각하는 거요?"

조량은 요순(堯舜)의 도(道)와 주나라 무왕의 경우를 예로 들면서 상군에게 충고를 하였다.

"《시》에도 '인심을 얻는 자는 흥하되 인심을 잃는 자는 붕괴한다.'는 구절이 있습니다만, 상군께서 저지른 몇 가지 사건은 아무래도 인심을 얻을 수 없습니다. 상군은 외출을 할 때 후차(後車) 수십 대, 종차(從車)에는 갑옷 입은 병사를 태우고 그 위에 힘센 종자들을 함께 태우며, 창을 들고 극(戟)을 든 자의 호위 속에 달리십니다. 이 가운데 한 가지라도 갖추어지지 않으면 상군께서는 절대로 외출을 하지 않으려고 하십니다. 《서경(書經)》에 '덕을 의지하는 자는 번영하되, 힘을 의지하는 자는 멸망한다(恃德者昌 恃力者亡).' 는 구절이 있습니다만, 상군의 목숨은 정말로 아침이슬과 같이 위험합니다(危若朝露). 그렇지만 더 살고 천수를 다하고 싶으시다면 오(於)·상(商)의 15읍을 반납하고 시골에 묻혀 은거하며 전원(田園)에서 물을 대는 생활을 하지 않으시렵니까?"

그러나 상군은 조량의 충고를 듣지 않았다. 결국 상앙은 일족이 멸족당하는 화를 입고 자신은 거열형(車裂刑)에 처해지고 만다.

作法自斃 (작법자폐)

만들 作 법 法 죽을 斃

제가 만든 법에 제가 걸려 죽는다는 뜻으로, "제가 놓은 덫에 제가 치인다." 는 속담과 같다.

상앙은 원래 위(衛)나라 사람이었으나, 진(秦)나라 효공(孝

公)에게 등용되어 2차례의 변법(變法)을 실행하였다.

상앙은 효공의 지지를 받아 귀족의 세습 특권을 폐지하고 군공(軍功)의 크고 작음에 따라 작위를 수여하는 제도를 시행하였고, 연좌법을 시행하였으며, 정전제 폐지, 토지매매 허가제, 도량형 통일 등의 정책을 시행하였다.

새로운 법령이 시행된 지 1년 만에 백성들 사이에 불편하다고 호소하는 자들이 많았다. 이때 태자가 법을 어기는 행위를 하였다. 상앙이 말했다.

"법이 지켜지지 않는 것은 위에서부터 법을 어기기 때문이다."

태자를 처벌하려 하였으나, 태자는 효공의 뒤를 이을 신분이었으므로 차마 형벌을 내릴 수는 없었다. 그 대신 태자의 태부(太傅)인 공자 건(虔)을 처벌하고 스승인 공손고(公孫賈)를 자자형(刺字刑 : 이마에 글자를 넣는 형)에 처했다. 이로부터 백성들이 두려워하여 모두 새 법령을 따르게 되었다.

상앙의 부국강병책에 힘입어 진나라는 경제적 번영을 이루고 강대국의 기초를 닦게 되었다. 그러나 이 과정에서 세습 귀족들의 이익을 침해하여 원성을 많이 사게 되었다.

효공이 죽고 혜왕(惠王)이 뒤를 잇자 귀족들은 상앙이 반란을 꾀한다고 모함하였다. 혜왕은 상앙을 체포하라는 명령을 내렸다.

상앙은 도망치다가 어느 객사에 이르러 묵으려고 하였는데, 상앙을 알아보지 못하는 주인은 신분이 불확실한 사람을 숙박시켰다가는 상앙이 제정한 연좌죄를 범하게 되어 처벌받는다며 거절하였다.

이에 상앙은 이렇게 탄식했다.

"아, 신법(新法)의 피해는 급기야 내 몸에까지 미쳤구나(作法自斃)."

결국 상앙은 거열형(車裂刑)에 처해졌다. 「자승자박(自繩自縛)」「자업자득(自業自得)」과 비슷한 뜻이며, "제가 놓은 덫에 제가 먼저 걸려든다."라는 속담과도 비슷하다.

거열형

소진열전(蘇秦列傳)

모 우 미 성　불 가 이 고 비
毛羽未成 不可以高蜚　　털 毛 깃 羽 날 蜚

어린 새가 아직 깃이 다 나지 않아 높이 날지 못한다는 뜻으로, 사람이 아직 어림을 이르는 말.

소진(蘇秦)은 동주(東周) 낙양(雒陽) 사람이다. 동쪽에 있는 제(齊)나라에 가서 스승을 찾아 귀곡(鬼谷)선생에게서 배웠다. 그는 장서를 꺼내 두루 훑어보다가 그 중에서 주서(周書)의 음부(陰符 : 병서의 이름)를 찾아내어 책상에 머리를 파묻고 읽었다. 1년 만에 췌마술(揣馬術)을 터득한 그는 이렇게 말했다.

"이 술(術)만 가지고 있으면 당대의 군주를 설득시킬 수 있을 것이다."

그리고는 우선 주나라의 현왕(顯王)에게 설명하려고 했으나, 현왕의 측근들은 원래 소진을 잘 알고 있었던 까닭에 경멸하고 아무도 상대해 주지 않았다. 그래서 그는 서쪽에 있는 진(秦)나라로 갔다. 진나라의 효공은 이미 죽고 난 다음이어서, 왕위를 이어받은 혜왕을 만나서 말했다.

"진은 사방이 험한 요새로 둘러싸인 나라로, 산으로 둘러

싸이고 위수(渭水)가 막고 있으며, 동쪽으로는 관(關)・하(河)가 있고, 서쪽에는 한중, 남쪽에는 파・촉, 그리고 북쪽에는 대(代)・마(馬)가 있어 천부의 땅입니다. 이곳에 거하면 천하를 병합하고 제호(帝號)를 드날리게 될 것입니다."

진왕이 대답했다.

"새라 하더라도 깃털이 자라기 전에는 높이 날 수가 없는 법이오(毛羽未成 不可以高蜚). 내 나라의 문교(文敎)와 정치가 갖추어지기까지는 다른 나라의 병합 따위는 생각조차 할 수 없는 일이오."

진에서는 이때 상앙을 죽이고 세객(說客)들을 미워하고 있던 때인지라 소진을 등용하지 않았다. 그래서 그는 동쪽에 있는 조(趙)나라로 갔다. 이렇게 해서 소진은 6국을 유세하며 합종책을 설파하고 6국의 재상 자리에 오르게 된다.

舜無咫尺之地 以有天下 (순무지척지지 이유천하) 순임금 舜 길이 咫

순임금은 지척(咫尺)의 땅도 없었지만 천하의 주인이 되었다.

여기서「지척지지」는 아주 좁은 땅을 이르는 말이다.

지(咫)도 척(尺)도 모두 주(周)나라 때의 길이의 단위로,

약 18센티미터로, 매우 가까운 곳. 지척.

소진이 혜왕을 만나 유세했다.

"신이 듣기로 요임금은 그 소유한 땅이 3백 이랑(三夫之分)을 넘지 않았고, 순임금은 지척(咫尺)의 땅도 없었지만 천하의 주인이 되었습니다(舜無咫尺之地 以有天下). 우(禹)임금은 백 명이 사는 고을도 없었으나 제후들을 거느린 왕이 되었습니다.

탕(湯)임금과 무왕(武王)의 군사는 삼천에 불과했고, 수레는 3백 승(乘)을 넘지 않았고, 병사는 3만도 안 되었으나 천자가 되었다고 합니다. 이는 진실로 천하를 얻는 방법을 터득했기 때문입니다.

그래서 명주(明主)는 밖으로는 적의 강약을 저울질하고, 안으로는 사졸의 우열을 헤아려 양군의 대전을 기다리지 않아도 승패와 존망의 관건이 이미 흉중에 그려집니다. 어찌 뭇사람들의 말에 가려 캄캄한 상태에서 국가대사를 결정할 수 있겠습니까?

신이 천하 지도를 놓고 살펴보니 제후들의 땅은 진보다 5배가 큽니다. 제후들 군사의 수를 헤아려보니 진의 10배 규모입니다. 6국이 하나가 되어 힘을 아울러 서향(西鄕) 진을 치면 진은 반드시 격파될 것입니다. 지금 서면의 진을 섬긴다면 진나라 신하가 되는 꼴이 됩니다.

대체로 남을 깨는 것과 남에 의해 깨지는 것, 남의 신하가 되는 것과 남을 신하로 거느리는 것을 어떻게 동시에 논할 수 있겠습니까?

무릇 연횡론자는 한결같이 제후들의 땅을 떼어 진나라에 바치자고 합니다. 진이 일통 대업에 성공하면, 누대(樓臺)와 내실 없는 사당(祠堂)을 더욱 높이고, 궁실을 더욱 화려하게 꾸미고, 생황(笙簧)과 거문고 연주를 감상할 것입니다.

앞에는 고급 다락과 수레(樓闕軒轅)를 두고, 뒤에는 장교미인(長姣美人)을 둘 것입니다. 제후국은 진의 화를 입을지라도 관여하려 하지 않을 것입니다.

결론적으로 연횡론자는 진의 권세에 기대어 밤낮으로 제후들에 땅을 떼어 바치라고 협박할 것입니다. 그래서 원컨대 대왕께서 이 대계(大計)의 이해득실을 심사숙고하셔야 한다는 것입니다."

영 위 계 구 무 위 우 후
寧爲鷄口無爲牛後 차라리 寧 닭 鷄 소 牛 꽁무니 後

큰 단체의 꼴찌가 되어 붙좇기보다는 작은 단체의 우두머리가 돼라.

"차라리 닭의 머리가 될지언정 소 엉덩이는 되지 말라."는 말이다. 예부터 내려오는 속담을 소진(蘇秦)이 인용한 말이다.

주(周)의 연왕(燕王) 35년(B.C. 334), 소진은 6국이 연합해서 진나라에 대항해야 한다는 합종(合縱)의 외교정책을 들고 연나라와 조나라 임금을 설득시킨 다음, 조나라 숙후(肅侯)의 후원을 얻어 한나라로 가게 되었다.

소진은 한(韓)나라 선혜왕(宣惠王)을 먼저 이렇게 달랬다.

"한나라는 지형이 천연적인 요새로 되어 있고 훌륭한 무기들을 생산하고 있으며, 군사들은 용감하기로 이름나 있습니다. 이러한 유리한 조건과 대왕의 현명한 자질로써 공연히 진나라의 비위만 맞추려 한다면 천하의 웃음거리밖에 될 것이 없습니다."

선혜왕은 소진의 말에 다소 자신감이 생겼다. 그런 기미를 본 소진은 끝에 가서 이렇게 부추겼다.

"대왕께서 서쪽으로 진나라를 섬기면 진나라는 한나라에 땅을 요구하게 될 것입니다. 금년에 요구를 들어 주면 명년에 또 요구를 하게 될 것입니다.

이렇게 주다 보면 나중에는 줄 땅이 없게 되고, 주지 않으면 지금까지 준 것이 아무 소용이 없이 화를 입게 될 것이 아닙니까? 또 대왕의 땅은 끝이 있지만, 진나라의 요구는 끝이 없습니다.

끝이 있는 땅을 가지고 끝이 없는 요구를 들어 주지 못하면 이것이 이른바 '원한을 사서 화를 맺는다'는 것으로, 싸우기도 전에 땅부터 먼저 주게 되는 것입니다.

신이 듣건대, 속담에 이르기를 '차라리 닭의 주둥이가 될지언정 소 엉덩이는 되지 말라(寧爲鷄口 無爲牛後)'고 했습니다. 대왕의 현명하심으로 강한 한나라의 군사를 가지고 계시면서 소 엉덩이의 이름을 갖는다는 것은, 대왕을 위해 부끄러운 일이 아닐 수 없습니다."

이 말에 선혜왕은 소진이 예기했던 대로 분연히 안색을 변하며, 발끈 성이 나서 눈을 부릅뜨고 손을 뻗어 칼을 어루만지며 하늘을 우러러보고 탄식하여 말했다.

"과인이 아무리 못났지만 진나라를 섬기는 일은 하늘이 무너져도 있을 수 없다."

어쨌든 간에 이와 같이 하여 이해가 상반되는 6국을 일시적이나마 결합시킨 것은 소진의 꿈이라 아니할 수 없다. 그러나 이것이 도리어 진의 책동을 초래하여 「합종」 성립의 이듬해에 제나라와 위나라가 진나라의 사주를 받아 조를 쳐 파탄을 가져오게 했다.

「계구우후(鷄口牛後)」의 계구는 닭의 머리, 우후는 소의 꼬리를 말하는데, "닭의 머리는 작으나 존귀하고, 소의 꼬리는 크나 비천하다." 즉 "작은 것의 머리가 될지언정 큰 것의 꼬리가 되지 말라."라는 뜻이다.

尾生之信 (미생지신)

너무 고지식해서 융통성이 없는 신의.

너무 고지식하기만 한 것을 가리켜 「미생지신」이라고 한다. 미생이란 사람의 옛이야기에서 생긴 말이다. 「소진열전」에 보면, 소진(蘇秦)이 연(燕)나라 왕의 의심을 풀기 위해 하는 이야기 가운데 이런 것이 나온다.

소진은 연왕을 보고 말했다.

"대왕께서 나를 믿지 않는 것은 필시 누가 중상하는 사람이 있기 때문일 것입니다. 실상 나는 증삼(曾參) 같은 효도도 없고, 백이(伯夷) 같은 청렴도 없고, 미생(尾生) 같은 신의도 없습니다(今有孝如曾參 廉如伯夷 信如尾生). 그러나 대왕께선 증삼 같은 효도와 백이 같은 청렴과 미생 같은 신의가 있는 사람을 얻어 왕을 섬기도록 하면 어떻겠습니까?"

"만족합니다."

그러자 소진이 말했다.

"그렇지 않습니다. 효도가 증삼 같으면 하룻밤도 부모를 떠나 밖에 자지 않을 텐데, 대왕께서 어떻게 그를 걸어서 천릿길을 오게 할 수 있겠습니까?

백이는 무왕의 신하가 되는 것이 싫어 수양산에서 굶어죽고 말았는데, 어떻게 그런 사람을 천 리의 제나라 길을 달려가게 할 수 있겠습니까.

신의가 미생 같다면, 그가 여자와 다리 밑에서 만나기로 약속을 해두고 기다렸으나, 여자는 오지 않고 물이 불어 오르는지라 다리 기둥을 안고 죽었으니, 이런 사람을 대왕께서 천 리를 달려가 제나라의 강한 군사를 물리치게 할 수 있겠습니까?

나를 불효하고 청렴하지 못하고 신의가 없다고 중상하는 사람이 있지만, 그렇기 때문에 나는 부모를 버리고 여기까지 와서 약한 연나라를 도와 제나라를 달래서 빼앗긴 성을 다시 바치게 한 것이 아니겠습니까?"

대충 이런 내용으로 연왕의 의심을 풀고 다시 후대를 받게 되었다는 이야기인데, 미생이란 사람은 다리 밑에서 만나기로 약속한 그것만을 지키느라 물이 불어 오르는데도 그대로 자리를 지키다가 죽었으니 얼마나 고지식하고 변통을 모르는 바보 같은 사람인가.

다리 밑이면 어떻고 다리 위면 무슨 상관이 있겠는가. 결국 「미생지신」은 하나만 알고 둘은 모르는 바보 같은 신의를 말한다.

前倨後恭 (전거후공)

거만할 倨 공손할 恭

처음에는 우쭐거리다가 나중에는 굽실거린다는 뜻으로, 권세 앞에서 아부함을 가리키는 말.

소진(蘇秦)은 동주(東周)의 낙양(雒陽) 사람이다. 동쪽에 있는 제(齊)나라에 가서 스승을 찾아 귀곡(鬼谷)선생에게서 배웠다. 방랑하기 몇 년, 크게 곤궁을 당하다가 고향에 돌아왔다. 형제자매, 처첩들은 은근히 조소(嘲笑)하며 말했다.

"주나라의 관습으로는 전지(田地)를 경작하거나 상공업에 힘을 써서 십이(什二 : 2할割)의 이익을 좇는 것이 사람의 할 일로 되어 있는데, 지금 당신은 본업을 버리고 혀끝의 이론에나 힘을 쓰고 있으니, 그렇게 하고 곤궁하게 지내는 것은 당연한 일이지 않습니까?"

소진이 이 말을 듣고 부끄럽고 한심스런 생각이 들어 방문을 닫고 틀어박혔다. 그리고 자기의 장서를 꺼내 두루 훑어보다가 그 중에서 주서(周書)의 음부(陰符 : 병서의 이름)를 찾아내어 책상에 머리를 파묻고 읽었다. 1년 만에 췌마술(揣摩術 : 남의 마음을 미루어 헤아려서 그 뜻을 번롱하여 자기 수중에 도입하는 술)을 터득한 그는 이렇게 말했다.

"이 술(術)만 가지고 있으면 당대의 군주를 설득시킬 수 있을 것이다."

소진은 연(燕)과 조(趙)로 가서 제(齊)・초(楚)・연(燕)・조(趙)・한(韓)・위(魏)의 여섯 나라가 연합하여 진에 대항하는 「합종책(合從策)」을 건의했다. 그래서 여섯 나라는 합종의 맹약을 하고 힘을 합치게 되었다. 소진은 합종의 맹약의 장(長)이 되어 여섯 나라의 재상을 겸했다. 북쪽의 조왕에게 경위를 보고하기 위하여 가는 도중 낙양을 통과했다. 소진을 따르는 일행의 행렬이 임금에 비길 만하게 성대했다. 주나라의 현왕(顯王)은 이 소식을 듣고 도로를 청소하고 사자를 교외에까지 보내 위로하게 했다.

소진의 형제, 처, 형수는 곁눈으로 볼 뿐 감히 쳐다보지도 못했다. 소진이 웃으며 형수에게 말했다.

"어찌하여 전에는 우쭐대시더니 지금은 이토록 공손하시오(何前倨而後恭也)?"

형수는 떨리는 몸을 구부리고 엎드려서 얼굴을 땅에 대고 사과했다.

"계자(季子 : 소진의 자)의 지위가 높아졌고 부자가 된 것을 보았기 때문이랍니다."

소진은 탄식하면서 말했다.

"똑같은 한 사람이건만 부귀하게 되면 친척까지도 우러러 보고, 빈천해지면 업신여기는도다. 하물며 남이야 오죽하겠는가. 만약 나에게 낙양의 성곽 가까이에 비옥한 밭 두 이랑만 있었던들 오늘날 내 어찌 여섯 나라 재상의 인수(印綬)를 찰 수 있었으리요!"

그리고는 1천금을 뿌려 일족과 벗들에게 나누어 주었다.

전화위복 인패위공
轉禍爲福 因敗爲功 구를 轉 재난 禍 인할 因 질 敗

화(禍)가 바뀌어 복(福)이 되고, 실패가 오히려 공이 된다.

전국시대 때 가장 활약이 뛰어난 종횡가(縱橫家)로는 장의와 소진을 꼽는다. 장의는 연횡책(連橫策 : 連衡策)으로, 소진은 합종책(合縱策)으로 유명하다. 그 중 소진은 이런 말을 한 적이 있다.

"옛날에 일을 잘 처리했던 사람은 '화를 바꾸어 복을 만들고, 실패를 바꾸어 공으로 만들었다(轉禍爲福 因敗爲功).' 고 한다."

전화위복이란 실패했다고 포기하고 마는 것이 아니라 그것을 새로운 성공의 계기로 삼아 분연히 일어날 것을 당부할 때 흔히 쓰이는 말이다.

즉 어떤 사람이 한때의 실패로 의기소침해 있을 때 그의 어깨를 두드리며 이렇게 말한다.

"인생만사 새옹지마(塞翁之馬)라고 하지 않던가. 이번 일을 전화위복의 계기로 삼아 용기를 내보게."

"화가 바뀌어 복이 되고, 실패한 것이 오히려 공이 된다(轉禍爲福 因敗爲功)." 고 한 말에서 「전화위복」 성어가 생겨났다.

合縱連衡 (합종연횡)

세로 縱 이을 連 가로 衡(횡)

소진의 합종책과 장의의 연횡책, 일종의 공수동맹(攻守同盟).

소진은 장의와 더불어 전국시대 중엽의 중국 전토를 세 치의 혀(舌)와 두 다리를 가지고 뒤흔든 큰 책사이며, 큰 사기사(詐欺士)이다.

세 치의 혀라 함은 말할 수 없을 정도의 능변(能辯), 두 다리라 함은 주름잡고 돌아다닌 나라가 소위 당시의 7국(연·

제·조·한·위·초·진)에 걸친 것을 뜻한다.

이 두 사람은 귀곡선생(鬼谷先生 : 백반百般의 지식에 통하며, 점복占卜도 하고, 《귀곡자》라는 책을 남긴 수수께끼의 인물)에게 배운 동문이다.

귀곡선생이 살고 있던 곳은 낙양에서 150리 정도 동남의 귀곡이라는 산중이었다.

소진은 이곳에서 오랜 수업을 쌓고 산에서 내려왔다. 여기서 무엇을 배우고 내려와, 어디로 가서 무엇을 하였는지 후세의 우리들에게는 전연 알 도리가 없으나, 하여튼 소진은 이곳저곳 방랑한 끝에, 어느 날 낙양에 있는 자기 집에 불쑥 나타났다. 역사서는 여기서부터의 소진의 행동에 대하여 자세하게 쓰고 있다.

비렁뱅이 꼴을 하고 문간에 선 소진에 대하여, 아내는 짜고 있던 베틀에서 내려오지도 않았고, 형수는 밥도 내다 주지 않았다. 그리고 팔리지도 않는 말재주를 팔고 다니니, 고생하는 것도 당연하다고 상대도 해주지 않았다.

집에 머물러 있기를 약 1년, 소진은 또다시 집을 뛰쳐나와 주(周)나라를 찾았으나 상대도 해주지 않았다. 다음으로 진(秦)나라를 찾았으나 역시 상대를 해주지 않았다. 조(趙)나라에도 가 보았으나 거기서도 허탕, 그래서 멀리 북쪽에 있는 연

(燕)나라로 갔다. 여기서는 그의 변설이 주효하여 거마와 금백(金帛)의 선물을 받았다.

소진이 연왕에게 진언한 정책을 「합종(合縱)」이라 한다. "세로로 합한다."라는 뜻으로, 연(燕)·조(趙)·제(齊)·위(魏)·한(韓)·초(楚)가 세로(縱)로, 즉 남북으로 손을 잡고, 강국 진(秦)나라에 대항하자는 것이다.

이 6국은 당시 급격히 강대해지는 진을 극도로 두려워하고 있었다. 소진은 이 공포심을 잘 이용하여, 만약 차제에 6국이 손을 잡지 않고 고립한다면 각각 진에 먹히고 말 것이다. 기필코 합종하여 공동방위를 취하지 않으면 안된다, 그 주선 역할을 자기가 맡겠다고 나선 것이다.

연왕으로부터 합종의 성취를 위임받자, 다음으로 조나라를 찾아 이번에는 대성공. 거마 백승(百乘)에 백벽(白璧)·금수(錦繡)를 합종의 준비 비용으로 받았다.

한·위·제·초의 순으로 돌아다닌 소진은 교묘하게 왕들을 설득하여 6국의 재상 직을 한 몸에 겸하고, 자신은 종약장(從約長)이 되어 6국의 왕들이 모인 자리에서 합종의 맹주로서 행세하게 되었다.

남쪽 초(楚)에서 조(趙)로 돌아가는 도중 소진은 낙양을 지났다. 그 때 그의 행렬, 거마 치중(輜重)은 족히 왕후에 필적했고, 낙양에 자리 잡은 주왕(周王)도 칙사로 하여금 영접케 할 정도로 호화스러웠다. 형제도 아내도 형수도 이제는 소진을 정면으로 마주보지를 못했다. 식사 시중을 들 때도 얼굴을 숙인 채였다.

소진은 형수에게 물었다.

"어찌하여 전에는 우쭐대시더니 지금은 이토록 공손하시오(何前倨而後恭也)?"

그리자 형수는 머리를 조아리며 말했다.

"서방님의 벼슬이 높아지시고, 이렇게 큰 부자가 되신 것을 보면 누구든지 저절로 이렇게 되지요."

소진은 벼슬과 돈이 이렇게도 인간을 달라지게 하고, 또한 자기에게 만약 얼마 안 되는 전답이라도 있었더라면, 일생 그것으로 만족하고 오늘과 같은 부귀를 누릴 수 없었으리라는 것을 개탄하여 친족 붕우(朋友)들에게 천금을 헐어 나누어주었다.

소진이 조나라에 체류 중 장의가 갑자기 찾아왔다. 동문인 소진이 재상이 되었다는 것을 듣고 천거를 부탁하러 온 것이었다. 소진은 엿새째에 가서야 마지못해 면회를 허락하였을 뿐 아니라, 자기는 당상에 장의는 당하에 앉게 하고 하인에게나 먹일 정도의 식사를 대접하여 쫓아버렸다.

장의는 이를 갈며 분에 못 이겼다. 그리고는 두고 보자는 듯이 그 길로 진나라를 향해 떠났다.

그런데 그 여행에 같이 따라가며 장의를 돌보아준 인물이 있다. 여인숙 비용은 물론, 진나라에서 벼슬을 하자면 의복도 필요하리라 하고 시중을 들어주며 진나라에까지 같이 따라왔다. 당시로 말하면, 장차 큰 인물이 되리라고 촉망되는 야인(野人)에게 친절을 베풀어 장래 이용해 먹으려는 상인이 드물지 않았기 때문에 아마 그런 따위일 것이라고 장의는 생각하고 있었다.

그 상인은 장의가 진에 입경(入京)하여 객경(客卿)에 오르는 것을 보자, 장의에게 작별인사를 하러 왔다. 장의는 자기로부터 아무 보상도 요구하지 않는 상인을 이상하게 여기고 그 이유를 물은 즉, 상인은 이렇게 말했다.

"당신을 아는 사람은 제가 아닙니다. 소군(蘇君)이야말로 당신의 지기(知己)이십니다. 소군은 진나라가 조나라를 치고 종약(縱約)을 깰까 두려워하는데, 당신이라면 진나라의 권력을 자유롭게 휘두를 수 있을 것으로 보고 당신을 분발케 한 다음, 저에게 명하여 은밀하게 자금을 제공하게 한 것입니다. 모든 것은 소군의 배려에 의한 것인데, 이제 당신은 등용되었으니 저는 돌아가서 소군에게 복명토록 해 주십시오."

"아아, 이것은 내가 배운 술책 가운데 있었던 것인데, 나는 그것을 미처 깨닫지 못했구려. 나는 분명히 소진에 미치지 못하는 사람이오. 이렇게 되어서는 조나라에 등용된 것이나 마찬가지이니 내 어찌 조나라를 모해할 수 있겠소. 돌아가거든 나를 위해 소군에게 이렇게 말해 주오. '소군이 살아 있는 동안에는 내가 무슨 말을 할 수 있겠소. 또 소군이 있는 한 이 장의가 무슨 일을 해낼 수 있겠소' 라고."

장의는 진에 머무르면서 재완(才腕)을 인정받고, 객경에서 재상으로 출세하였다. 그는 「연횡책」을 획책하였다. 다시 말해서 6국의 어느 한 나라와 동맹을 맺어 합종을 깨뜨리고, 6국을 산산조각으로 고립시켜, 고립된 나라들을 개별적으로 격파 혹은 위압하고, 진에 대하여 신하의 예를 취하도록 하게 하며, 그러고 나서 병탄(併呑)해 버리자는 책략이다.

진과 다른 나라와 동맹을 맺는 것은, 「가로(衡=橫 : 동서)로 연합하는」 형태가 되기 때문에 「합종」에 대하여 「연횡」이라고 하는 것이다. 장의는 후에 소진이 성취한 「합종」을 완전히 붕괴시키고 말았다.

전국(戰國) 백 년의 역사는 이 합종과 연횡이 되풀이된 역사라고 해도 좋을 정도로 두고두고 말썽이 되어 왔다. 그래서 제자백가(諸子百家) 중 외교무대에서 세 치 혀로 활약하는 사람들을 가리켜 종횡가(縱橫家)라고 한 것도 이 「합종연횡」이란 말에서 나온 이름이었다.

소진과 장의

장의열전(張儀列傳)

시 오 설 상 재 불
視吾舌尙在不　　　볼 視 나 吾 혀 舌 아직 尙

몸은 비록 망가졌어도 혀만 있으면 희망이 있다.

이 말은 "내 혀가 아직 그대로 있는지 봐주시오." 하는 말이다.

「오설상재(吾舌尙在)」란 말은 내 혀가 아직 성하게 남아 있느냐는 뜻이다.

장의(張儀)가 벽옥(碧玉)을 훔쳤다는 도둑의 혐의를 입고 매를 맞아 반쯤 죽어서 돌아왔을 때, 그의 아내를 보고 "내 혀가 아직 있느냐?" 고 물은 데서 비롯된 말이다. 혀만 성하면 그까짓 팔다리쯤 병신이 되어도 그리 걱정될 건 없다는 뜻이다.

그래서 사업에 실패했을 때, 자기가 가장 소중히 아는 한 가지만이라도 남아 있으면 그것에 자기의 희망을 걸고 스스로 위로하는 뜻으로 쓰이곤 한다.

전국(戰國)의 세상도 한창인 기원 전 4세기 말의 일이다. 위(魏)나라에 장의라는 가난한 사람이 있었다. 비록 가난하기는 했으나 남보다 뛰어난 재능과 수완과 완력을 가진 사람이었다. 그 당시는 지혜 있는 사람이면 누구나 출세할 수 있는 기회가 얼마든지 있었다.

그것은 어느 나라고 뛰어난 인물을 등용하여 나라를 부강케 하고 타국을 꺾어버리려 하고 있었기 때문에 이 가난뱅이 장의도 입신출세의 야망을 품고 있었다. 그런 까닭에 귀곡자(鬼谷子)라는 권모술수에 능한 선생에게 글을 배웠는데, 장의의 영민함은 다른 제자들의 혀를 말 정도로 뛰어났다.

그의 라이벌 소진(蘇秦)이 막 득세를 했을 당시, 그는 아직 뜻을 얻지 못하고 초나라 재상 소양(昭陽)의 집에서 문객노릇을 하며 지내고 있었다.

그때 소양은 위나라와 싸워 크게 이긴 공로로 위왕(威王)으로부터 유명한 화씨벽(和氏璧)을 하사받았는데, 그는 그 구슬을 언제나 가지고 다녔다.

어느 날, 소양이 적산(赤山) 밑에 있는 연못가의 누대에서 사방에서 찾아온 귀한 손님들과 수행원 등 백 명 가까운 사람을 데리고 술자리를 베푼 일이 있었다. 이때 손님들은 소양에게 화씨벽을 구경시켜 달라고 청했다.

소양은 흥이 한창 나 있는 참이라 구슬상자를 가져오게 해서 구경을 시켰다. 한창 구경들을 하며 칭찬을 하고 있는데, 못에서 큰 고기가 물 위로 높이 뛰어올랐다. 소양과 뭇사람들의 시선이 그리로 쏠리고 있는 순간 어느 누구의 짓인지 구슬이 온데간데없이 사라지고 말았다.

그래서 결국 가장 의복이 허름하고 평소에 남과 잘 어울리지 않는 장의가 누명을 쓰고 죽도록 매를 맞게 되었다.

장의가 거의 죽게 되자, 그제야 하는 수 없이 집으로 돌려보내 주었다. 옷이 피투성이가 되어 업혀 돌아온 장의를 아랫목에 눕힌 아내는 눈물을 흘리며 이렇게 말했다.

"당신이 글을 읽고 유세만 하지 않았던들 이런 욕을 당했겠소?"

그러자 장의는 아내를 보고 말했다.

"내 혀를 보오. 아직 그대로 있는가(視吾舌尙在不)?"

아내가 어이가 없어 웃으며 말했다.

"혀야 있지요."

"그럼 됐소."

이야기의 앞부분은 《동주열국지》에서 옮긴 것이고, 아내와의 대화는 《사기》 장의열전에 있는 것을 그대로 옮긴 것이다. 이것을 마지막 고비로 장의는 비로소 혀의 위력을 발휘하게 된다.

여기서 「오설상재」 성어가 생겨났다.

사분오열 四分五裂　찢어질 裂

갈기갈기 찢어지다. 의견이나 지역이 여러 갈래로 갈라져 통일이 되지 못하다.

춘추전국시대 때 장의(張儀)는 연횡책(連衡策)을 주창하면서, 위(魏)·조(趙)·한(韓)나라 등 동서(橫)로 잇닿은 6국을 설득, 진(秦)나라를 중심으로 하는 동맹관계를 맺게 하였다.

이때 진나라의 재상 장의(張儀)는 위나라에 가서 위나라의 불리한 처지를 이리저리 설파하면서 이렇게 말했다.

"위(魏)나라의 영토는 사방 천 리에 미치지 못하고, 병사는 30만에 지나지 않습니다. 남쪽으로는 초나라와 경계하고, 서쪽으로는 한나라와 경계를 이루었으며, 북쪽으로는 조나라와 경계하고, 동쪽은 제나라와 경계를 이루고 있는 까닭에, 사방을 지키면 성채를 지킬 군사는 10만도 안됩니다.

위나라의 형세는 참으로 싸움터가 되기에 알맞습니다. 위나라가 남쪽의 초나라와 결탁하여 제나라와 손을 잡지 않으면 제나라는 위나라의 동쪽을 공격할 것입니다. 만약에 동쪽의 제나라와 결탁하여 조나라와 손을 잡지 않으면 조나라는 위나라의 북쪽을 공격할 것입니다. 한나라와 결탁하지 않으면 한나라는 위나라의 서쪽을 공격할 것이며, 초나라와 맺지 않으면 초나라는 위나라의 남쪽을 침범할 것입니다.

이것은 이른바 사분오열의 대세라고 하는 것입니다(此所謂四分五裂之道也)."

고침이와안면 高枕而臥安眠 베개 枕 누울 臥 잘 眠

베개를 높이 하고 편안히 잔다는 뜻으로, 근심 없이 편히 잠을 잘 수 있을 만큼 안심할 수 있는 상태라는 말.

전국시대 소진과 장의는 종횡가(縱橫家)로서 유명한데, 소진은 합종(合縱), 장의는 연횡(連衡)을 주장했다. 합종이란 진(秦)나라 이외의 여섯 나라, 곧 한(韓)·위(魏)·조(趙)·연(燕)·제(齊)·초(楚)가 동맹하여 진나라에 대항하는 것이다.

이러한 소진의 합종책을 뒤집어 진나라로 하여금 유리한 위치에 서게 한 사람이 바로 장의였다. 장의의 연횡이란 여섯 나라가 각각 진나라와 손잡는 것이지만, 실은 진나라에 복종하는 것이었다.

장의는 본래 진나라 혜문왕(惠文王)의 신임을 받았다. 소진보다 악랄했던 장의는 진나라의 무력을 배경으로 이웃 나라를 압박해 나갔다.

진나라 혜문왕 10년(BC 328)에는 장의 자신이 진나라 군사를 이끌고 위나라를 침략했다. 그 후 위나라의 재상이 된 장의는 진나라를 위해 위나라 애왕(哀王)에게 합종을 탈퇴하고 연횡에 가담할 것을 권했으나 받아들여지지가 않았다.

그러자 진나라는 본보기로 한(韓)나라를 공격하고 8만에 이르는 군사를 몰살시켰다. 이 소식을 전해들은 애왕은 밤잠을 이루지 못했다.

일이 이렇게 되자 위의 애왕뿐만 아니라 다른 제후들도 위협을 느껴 불안에 떨었다. 이 기회를 포착한 장의는 애왕에게 이렇게 말했다.

"위나라는 영토도 좁고 병사도 적습니다. 그런데 사방으로 초나라와 한나라 같은 강력한 제후들이 핍박하고 있습니다. 위나라는 열국의 통로가 될 가능성이 많습니다. 남은 초(楚), 서는 한(韓), 북은 조(趙), 동은 제(齊)와 국경을 이웃해서 그 어떤 나라와 동맹을 맺어도 다른 나라의 원한을 삽니다.

또, 진이 위와 조의 길을 끊고 한나라를 설득해서 위를 공격한다면 어떻게 되겠습니까? 진나라를 섬기는 것이 최상입니다. 만일 진나라를 섬기게 되면 초나라나 한나라가 감히 공격하지 못할 것입니다.

초나라와 한나라로부터의 재앙만 없다면 대왕께서는 베개를 높이 하고 몸을 뉘어 편안히 잘 수가 있을 것이고 나라에도 근심이 없을 것입니다(無楚韓之患 則大王高枕而臥安眠 國必無憂矣)."

여기에다 진의 목적이 초에 있으므로 진과 위가 함께 초를 공격하여 초를 나누어 갖자는 미끼까지 던져 꾀었다. 결국 위나라 애왕은 합종에서 빠져나와 진나라와 우호동맹조약을 맺었다.

장의는 이 일을 시작으로 나머지 다섯 나라를 차례로 설득하여 마침내 주(周)나라 난왕(赧王) 4년(BC 311)에 연횡을 성립시켰다. 그러나 이는 6국을 진에 헌상하려는 장의의 계책에 불과할 뿐이었다.

고침무우(高枕無憂)라고도 한다.

적우침주 군경절축 중구삭금 적훼소골
積羽沈舟 群輕折軸 衆口鑠金 積毁銷骨

쌓을 積 깃 羽 가라앉을 沈 부러질 折
굴대 軸 무리 衆 녹일 鑠 헐 毁 銷 뼈 骨

"쌓아서 겹치면 가벼운 깃털일지라도 배를 가라앉힐 수 있고, 지나치게 많이 실으면 가벼운 것일지라도 수레바퀴의 축(軸)을 부러뜨리며, 뭇사람의 입은 무쇠도 녹이고, 여러 사람이 헐뜯으면 뼈까지도 녹인다."

전국시대, 동주(東周)는 나날이 쇠퇴해지고 있었다. 이에 여러 제후들은 천하를 다투기 시작하였는데, 이들 가운데 진(秦)나라의 세력이 가장 강했다.

이러한 상황 속에서 약소국들이 연합하여 진나라에 대항하자는 합종책과 진나라를 따라 다른 약소국을 정복하자는 연횡책이 등장하였다.

진나라의 상국(相國)인 장의(張儀)는 제(齊)·초(楚)·연(燕)·조(趙)·한(韓)·위(魏) 등 여섯 나라의 합종 맹약이 매우 견고한 것을 알았다. 장의는 곧 재상의 직을 사직하고 위나라에 가서 합종연맹을 탈퇴하도록 위나라 왕을 설득하려고 하였다.

장의는 위나라에 온 이듬해 위나라의 상국에 임명되었다. 그의 몸은 위나라에 있었지만, 마음은 진나라에 있었으므로, 줄곧 연횡책으로써 진나라로 하여금 천하를 차지하게 하려는 생각뿐이었다.

장의는 위왕에게 진나라와 연합하여 제나라나 초나라 등을 정벌하라고 권하였다. 그러나 위나라 왕은 진나라의 야심을 알고 장의의 말을 듣지 않았다.

진나라 왕은 이 소식을 듣고 크게 노하여 대군(大軍)을 보내 위나라를 공격하는 한편, 비밀리에 사람을 보내 장의에게 보물을 보냈다. 장의는 보물을 받았으나 보답을 하지 못하여 부끄러운 마음이 들었다.

위나라 양왕(襄王)이 죽자, 그는 위나라 애왕(哀王)에게도 진나라를 받들 것을 권하였다가 거절당하였다.

장의는 암암리에 진나라가 위나라를 정벌해주기를 원하였다. 위나라는 전쟁에서 패한 뒤, 일 년 후에는 다시 제나라의 침범을 받아 패하였다. 이 틈을 노려 진나라는 다시 위나라를 공격하여, 먼저 한(韓)나라 대장 신차(申差)의 군대를 섬멸하였는데, 죽은 자가 8만 2천에 달하였다.

장의는 위나라의 거듭되는 패전으로 합종에 분열이 일어나자, 이 상황을 이용하여 위나라의 애왕에게 권하였다. 장의는 위나라의 지세와 병력 상황 등을 분석하며, 현재 처해 있는 상황과 합종의 취약함 등 불리한 조건들을 말했다.

"합종론자는 어느 누구를 막론하고 큰 소리를 치는 자가 많아서 믿을 만한 것이 되지 못합니다. 제후 한 사람을 설득하면 봉후(封侯)가 되는 까닭에 천하의 유세자는 밤낮으로 팔을 걷고 눈을 부릅뜨며 이를 악물고 합종의 이로움을 말하고 군주를 설득하고 다닙니다. 군주가 그 변설을 현명한 것이라고 그 말에 끌려서는 현혹됨을 면할 수 없습니다.

신이 듣기로, '쌓아서 겹치면 가벼운 깃털일지라도 배를 가라앉힐 수 있고, 지나치게 많이 실으면 가벼운 것일지라도 수레바퀴의 축(軸)을 부러뜨리며, 뭇사람의 입은 무쇠도 녹이고, 여러 사람이 헐뜯으면 뼈까지도 녹인다(積羽沈舟 羣輕折軸 衆口鑠金 積毁銷骨).' 고 했습니다.

대왕께서는 계책을 신중하게 결정하시기 바라며, 그리고 신은 얼마 동안 휴가나 얻어서 위나라를 떠나고자 생각합니다."

위나라 왕은 합종에서 탈퇴하기로 동의하고 진나라에 연횡을 청하였다. 여기서 「군경절축(羣輕折軸)」, 「중구삭금(衆口鑠金)」, 「적훼소골(積毁銷骨)」 같은 성어들이 탄생했다.

지금 「중구삭금」은 여론의 위력을 나타내는 속담이 되어 쓰이고 있다.

경위지사 傾危之士

기울 傾 위태로울 危

궤변을 늘어놓아 국가를 위태롭게 하는 사람을 이르는 말. 전국시대에는 그때그때의 형편에 따라 임기응변으로 계략을 부린 인물이 많았는데, 대표적인 소진(蘇秦)과 장의(張儀)의 합종연횡(合從連衡) 책략이 그 중심을 이루었다.

소진이 주장한 합종책(合從策)은 전국시대에 연(燕)·초(楚)·제(齊)·한(韓)·위(魏)·조(趙)의 6개국이 연합하여 진(秦)나라에 대항하는 정책이다. 장의가 내세운 연횡책(連衡策)은 전국시대 최강국인 서쪽의 진나라와 그 동쪽에 있던 연·초·제·한·위·조 6개국이 횡적 동맹을 맺음으로써 동서로 연합해 진나라의 발전을 꾀한 책략이다.

태사공(사마천)은 말한다.

"유세가(遊說家)인 소진과 장의 두 사람은 궤변을 말하여 세상 사람들을 현혹하며 나라를 어지럽히고 위태롭게 만드는 위험한 인물들이다(此兩人眞傾危之士哉)."

「경위지사(傾危之士)」는 이러한 소진과 장의에 대한 사마천의 평에서 나온 것으로, 이치에 닿지 않는 말을 그럴듯하게 둘러대어 합리화하려는 허위적 변론으로 국가를 위태로운 지경에 몰아넣는 사람을 말한다.

"장의는 소진보다도 악랄하다. 세상에서는 소진을 나쁘게 말하지만, 실은 소진이 죽은 후에 장의가 소진의 결점을 폭로하면서도 그 설을 교묘하게 수용하여 연횡(連衡)의 설을 만들어낸 데 지나지 않은 것이다."

어쨌든 이 두 사람의 유세가(遊說家)는 바로 궤변을 농하는 위험한 인물이다.

백기 · 왕전열전(白起王翦列傳)

척 유 소 단 촌 유 소 장
尺有所短 寸有所長

사람이나 물건은 장점도 있고 단점도 있음을 비유하는 말.

"자(尺)도 짧을 때가 있고, 치(寸)도 길 때가 있다." 라는 뜻으로, 이 말은 원래 초(楚)나라의 굴원(屈原)이 지은 《초사(楚辭)》 복거(卜居)에서 유래되었다.

굴원은 한때 왕의 총애를 받아 고위 관직에 오르기도 하였으나, 주위의 시기와 참언으로 관직을 박탈당하고 유배생활을 하였다. 그는 태복(太卜) 정첨윤(鄭詹尹)에게 답답한 심정을 토로하면서 끝까지 충정을 지키는 것이 좋은지, 아니면 뜻을 굽히는 것이 좋은지 점을 쳐 달라고 부탁하였다.

정첨윤은 이렇게 대답하여, 점을 쳐서 알 수 있는 일이 아니라고 일렀다.

"무릇 자도 짧을 때가 있고, 치도 길 때가 있으며, 물건도 부족할 때가 있고, 지혜도 밝지 못할 때가 있으며, 점복도 미치지 못하는 것이 있고, 신령함도 통하지 못하는 것이 있습니다(夫尺有所短 寸有所長 物有所不足 智有所不明 數有所不逮 神有所不通)."

태사공(사마천)은 이렇게 말하고 있다.

"속담에 '자(尺)도 짧을 때가 있고 치(寸)도 길 때가 있다(尺有所短 寸有所長)'고 했다. 백기(白起)는 적의 힘을 헤아려 사변(事變)과 적응한 기계(奇計)를 짜내어 씀으로써 그 이름을 천하에 떨쳤다. 그러나 그것으로도 응후(應侯)와의 사이를 좋게 만들지는 못했다.

왕전은 진나라의 장군이 되어 여섯 나라를 평정했다. 당시 왕전은 진나라의 노련한 장수로서 시황제조차도 그를 스승으로 받들었다. 그러나 진시황을 보필하여 덕을 세우고 나라의 기틀을 튼튼하게는 할 수 없었고, 단지 구차스럽게 진시황의 뜻에 맞추어 그의 환심을 사가며 한평생을 마치는 데 지나지 않았다.

그의 손자 왕이에 이르러 항우에게 잡힌 몸이 된 것도 이유가 없는 것은 아니었다. 그들에게는 각각 단점이 있었던 것이다."

1촌은 약 3.3센티미터이며, 1척은 10촌이므로 약 33센티미터다. 척은 촌에 비하면 10배나 길지만 실제의 용도에서는 오히려 짧아서 모자라는 경우도 있고, 촌은 척에 비하면 10분의 1에 불과하지만 실제의 용도에서는 충분히 사용하고도 길이가 남는 경우도 있다.

이와 마찬가지로 지혜로운 사람도 어떤 일에는 어리석은 사람보다 쓸모가 없고, 어리석은 사람도 어떤 일에는 지혜로운 사람보다 더 쓸모가 있는 경우도 있다는 뜻이다.

여기서 유래하여 「척단촌장(尺短寸長)」은 사람이나 물건에는 저마다 장단점이 있으며, 일의 종류나 상황의 변화에 따라 장단점이나 우열이 다르게 나타날 수 있음을 비유하는 말로 사용된다.

백기

왕전

맹자 · 순경열전(孟子荀卿列傳)

우정지의 牛鼎之意 솥 鼎

소를 치던 백리해와 솥을 짊어진 이윤이 벼슬을 구한 것을 말한다.

주무왕(周武王)이 인의를 내세워 주왕(紂王)을 정벌하여 왕이 되자, 백이(伯夷)가 굶어 죽을지언정 주나라의 곡식을 먹지 않았다. 위 영공(衛 靈公)이 전투대형을 묻자, 공자는 대답하지 않았다. 양혜왕이 조(趙)나라를 공격하는 계략을 원하니 맹자는 태왕(太王) 고공단보가 빈(邠)을 떠난 고사를 일컬었다.

이런 일들이 어찌 세속에 아부하고 구차하게 영합하려는 것만을 생각하였다고 하겠는가! 네모진 자루를 둥근 구멍에 넣으려고 한들 안으로 들어갈 수 있겠는가(持方枘欲內圜鑿其能入乎)?

어떤 사람이 말하기를, 이윤(伊尹)은 솥을 짊어지고 요리사가 되어 탕왕(湯王)을 왕이 되도록 힘썼으며, 백리해(百里奚)는 수레 밑에서 소를 먹이다가 목공(繆公)을 만나 패업을 이루게 하였으니, 이는 먼저 상대의 뜻에 영합한 후 대도로 인도

한 것이라고 했다.

추연의 말은 비록 궤도에서 벗어났으나 그 또한 소를 치던 백리해나 솥을 짊어진 이윤과 같은 뜻을 품은 것이 아닌가(儻亦有牛鼎之意乎)?

처음에는 상대방의 뜻에 맞추어 신임을 얻은 후에 정도(正道)로 이끄는 것을 비유해서 이르는 말이다.

전국시대 유세가(遊說家)들이 쓴 설득 방법이다.

은(殷)나라 탕왕(湯王)을 왕으로 만들기 위해 이윤(伊尹)이 숙수가 되어 솥을 짊어지고 탕왕에게 접근한 것을 비유해서 정(鼎)이라 하고, 춘추시대에 진(秦)나라 목공(穆公)을 패자로 만들기 위해서 백리해(百里奚)가 소치는 사람이 되어서 목동에게 접근한 것을 비유해서 우(牛)라고 한다.

담천조룡 談天彫龍

새길 彫

추연(騶衍)의 학술은 복잡하고도 대단한 변론이었으며, 추석(騶奭)의 학설은 글이 완벽하나 실행하기 어려웠고, 순우곤(淳于髡)과는 오랫동안 함께 지내면 때때로 유익한 말을 들을 수 있었다.

그러므로 제나라 사람들이 칭송하며 말했다.

"하늘을 말하는 자는 추연(騶衍)이요, 용을 새기듯 문장이 고상한 것은 추석(騶奭)이요, 지혜가 끝없이 넘치는 것은 순우곤(淳于髡)이다(談天衍 雕龍奭 炙轂過髡)."

전국시대 제(齊)나라의 추연과 추석의 고사에서, 「담천조룡」은 천상(天象)을 이야기하고 용을 조각한다는 뜻으로, 변론이나 문장이 원대(遠大)하고 고상함을 비유하는 말이다.

堅白同異之辯 (견백동이지변)

단단할 堅 말 잘할 辯

是를 非라 하고 非를 是라 하며 同을 異라 하고 異를 同이라 하는 것과 같은 억지논리. 궤변.

전국시대 조(趙)나라의 학자 공손룡(公孫龍)이 「견백동이(堅白同異)」 논리를 폈다.

"단단한 흰 돌을 눈으로 보아서는 흰 것을 알 수 있으나 단단한지는 모르며, 손으로 만져 보았을 때는 그 단단한 것을 알 뿐 빛이 흰지는 모르므로 단단한 돌과 흰 돌과는 같은 물건이 아니다."

공손룡은 장자와 같은 시대 사람으로, 당시 사상가들과 마찬가지로 봉건 제후들에게 조언을 하고 제자들에게 논리학적 훈련을 시키는 일을 하였는데, 어떤 삶을 살았는지는 상세한 기록을 볼 수 없다.

다만 그가 조나라 평원군(平原君)의 문객으로서「무장 폐지(偃兵)론」을 주장했으며, 현재 전해 오는 그의 저작으로는 《공손룡자(公孫龍子)》 한 권이 있다는 것만 알 수 있다.

공손룡의 대표적인 학설은「견백론(堅白論)」과「백마비마설(白馬非馬說)」이다.

「견백론(堅白論)」이란 견(堅)과 백(白)이 분리될 수 있다는 것이다. 즉 " '견(堅)과 백(白) 석(石)은 셋이라고 할 수 있을까?' '할 수 있다.' '둘이라고 할 수 있을까?' '할 수 있다.' '왜 그런가?' '굳은 것을 얻지 못하고 흰색만을 얻고서 굳은 것과 돌을 함께 들어서 말하면 둘이 된다. 흰색을 얻지 못하고 굳은 것만을 얻고서 굳은 것과 돌을 함께 들어서 말하면 곧 둘이 될 것이다. ……보아서 굳은 것은 얻을 수 없으나 흰 것을 얻을 수 있으니 굳은 것은 없는 셈이다. 어루만져서 그 흰 것은 얻을 수 없으나 그 굳은 것은 얻을 수 있으니 그 굳음은 얻고 흰 것은 없는 것이다.' "

그리고 「백마비마설(白馬非馬說)」은, "말이란 것은 형체를 명명하려는 것이며, 백(白)이란 것은 색채를 명명하는 것이다. 색채를 명명하는 것은 형체를 명명하는 것이 아니다. 그러므로 백마는 말이 아니다." 라는 것이다. 즉 "희다." 라는 형용어로 인해 「흰 말」은 더 이상 「말」이라는 일반 개념과는 일치하지 않는다는 것이다.

이처럼 공손룡은 구체적인 개념들이란 서로 범주가 다르기 때문에 하나로 통합될 수 없다는 논리를 내세웠다.

이 윤

맹상군열전(孟嘗君列傳)

계명구도 鷄鳴狗盜

닭 鷄 울 鳴 개 狗 도적 盜

아무리 천한 재주라도 쓰일 데가 있다. 또는 행세하는 사람이 배워서는 안 될 천한 기능.

전국시대 말기에는 집도 절도 없이 떠돌아다니는 유랑객들이 판을 치던 시대이기도 하다. 그들은 그들대로의 조직과 의리라는 것을 가지고 있어서 모든 정보를 서로 알려주는 한편, 한번 남의 신세를 지면 목숨도 아끼지 않는 의기를 보여주곤 했다.

그들은 보통 식객(食客)이란 이름으로 세도있고 돈 많은 귀족 집에 얹혀살고 있었는데, 당시 식객이 3천 명을 넘은 귀족이 넷이었다 해서 사군시대(四君時代)라 불리기까지 했다.

이 4군 중에서도 가장 유명한 사람이 맹상군(孟嘗君) 전문(田文)이었다. 맹상군은 비록 죄를 짓고 도망쳐온 사람이라도 그가 무엇이든 남다른 재주가 있기만 하면 반겨 식객으로 맞이했다. 말하자면 전과자들의 지상낙원과도 같은 것이었다.

맹상군이 아버지의 뒤를 이어 제나라 재상으로 있을 때, 진(秦)나라 소왕(昭王)이 그를 국빈으로 초청한 일이 있었다. 소왕은 맹상군이 하도 훌륭하다니까 그를 재상으로 임명할 생각을 혼자 품고 있었다.

소왕의 초청을 받아들이느냐 거절하느냐 하는 문제로 조정은 조정대로 식객은 식객대로 설왕설래가 많았지만, 결국 남의 호의를 거절하기가 거북하다 해서 그대로 길을 떠나게 되었다.

맹상군을 재상으로 임명할 생각이었던 진의 소왕은, 맹상군이 아무래도 진나라보다는 세나라를 먼저 생각하지 않겠느냐는 말에 끌려, 이왕 내가 못 쓸 바엔 돌려보내지 않으리라 마음먹고 맹상군 일행을 연금상태에 두게 했다.

이렇게 되자 맹상군은 식객들과 상의 끝에 소왕의 총희(寵姬)에게 도움을 청하기로 했다. 그러자 총희는 이런 제의를 했다.

"나에게 호백구(狐白裘)를 주신다면 어떻게 힘써 보겠습니다."

맹상군은 진나라에 들어왔을 때 왕에게 선물로서 호백구 하나를 선사한 일이 있었다. 이 호백구는 여우의 겨드랑이밑 털로, 곱고 길고 부드럽고 흰 사방 한 치 남짓한 곳을 끊어 이어 붙여서 만든 것으로 그 값이 천금에 해당한다고 한다. 왕은 그것을 입고 총희의 방에 들어가 한바탕 자랑을 했기 때문에 총희는 이 기회에 그것을 얻고 싶어 했던 것이다.

그러나 호백구는 진왕에게 준 그 하나밖에는 없었다. 어디서 어떻게 구해야 한단 말인가?

맹상군이 물었다.

"누구 호백구를 구해 올 사람 없소?"

그러면서 식객들의 얼굴을 살폈으나 아무도 대답하는 사람이 없었다.

그 때 맨 아랫자리에 있던 한 사람이 벌떡 일어서면서 말했다.

"제가 호백구를 구해 오겠습니다."

그는 그 전부터 개 껍질을 쓰고 개 흉내를 내며 남의 집에 숨어 들어가 있다가 적당한 틈을 보아 물건을 훔쳐내 오기로 유명한 사람이었다.

그는 그날 밤 개로 둔갑을 한 다음 진나라 대궐 창고 속으로 들어가 드디어 호백구를 훔쳐내는 데 성공했다.

호백구를 받은 총희는 진왕의 앞에서 눈물을 흘리며 맹상군을 놓아 보내 줄 것을 호소했다. 천하에 어질기로 이름이 높은 맹상군을 임금의 이름으로 초청을 해놓고는 아무 이유 없이 그를 붙들어 두고 돌려보내지 않는다면 앞으로 인재라는 인재는 다 진나라를 등지게 될 것이며, 진나라를 등진 그들이 힘을 합쳐 진나라에 적대해 온다면 장차 이 나라 운명이 어떻게 될지 아마 첩이 임금을 모실 날도 오래지 못할 것 같다면서 울먹였던 것이다.

듣고 보니 과연 그럴 것 같았다. 소왕은 그 날로 당장 맹상군 주위를 지키던 사람들을 모두 철수시켰다. 맹상군은 여권을 위조하여 성명을 고쳐 쓴 다음 부랴부랴 성문을 빠져 나갔다.

말을 재씩질해 전속력으로 함곡관(函谷關)까지 왔을 때는 마침 한밤중이었다. 함곡관을 빨리 벗어나야만 살아날 수 있었다. 뒤에는 곧 추병이 달려오는 것만 같았다. 그러나 관문이 열리려면 아직도 멀었다. 첫닭이 울기 전에는 관문은 굳게 닫혀져 있어 행인의 왕래가 철저히 금지되어 있었다.

그 때, 돌연 식객들 가운데서 닭의 울음소리가 낭랑하게 들려왔다. 닭울음소리를 흉내 내는 식객이 있었던 것이다. 그러자 주위에 있는 모든 닭들이 따라 울었다.

관문지기는 여권을 한 번 보고는 문을 활짝 열어 주었다.

소왕은 맹상군을 놓아준 것을 곧 후회하고, 군대를 보내 그의 뒤를 쫓게 했다. 그러나 함곡관에 다다랐을 때는 닭이 아닌 사람의 소리에 의해 이미 문이 활짝 열린 뒤였다. 이미 멀리 갔을 거라는 관문지기의 말에 되돌아오고 말았다.

처음 맹상군이 이 개 도둑질하고 닭 울음 우는 사람을 식객으로 맞아들였을 때는, 다른 식객들은 그들 두 사람과 한자리에 있게 된 것을 몹시 수치스럽게 여겼다. 그러나 그들도 진나라에서의 어려운 고비를 이들 두 사람에 의해 벗어나게 되자, 비로소 맹상군의 혜안에 탄복하게 되었다.

이 「계명구도」란 말은 아무리 천한 재주라도 다 쓰일 데가 있다는 뜻으로 쓰이지만, 역시 천한 재주임에는 틀림이 없다.

맹상군이 진나라에서의 어려움을 벗어나게 된 것도 다 손님을 차별 없이 대우한 덕이라고 좋게 평가하고 있었는데, 이에 대해 송(宋)나라 왕안석(王安石)은 반대로 혹평을 내리고 있다.

3천 명이나 되는 식객 가운데 한 사람도 주인을 위험한 곳으로 들어가지 못하도록 말린 사람이 없고, 겨우 죽게 된 마당에 개 도둑질이나 하고 닭 울음이나 우는 그런 무리들에 의해 목숨을 건지게 되었으니 맹상군은 다만 「계명구도」의 영웅일 뿐이라는 것이다.

지금은 왕안석의 해석을 기발하고 옳은 평으로 보고 있다.

장협귀래호 長鋏歸來乎 칼 鋏 돌아올 歸 올 來 인가 乎

유능한 인재가 의외의 박대를 당함.

「장협귀래호」는 "장검아 돌아갈거나?"라는 뜻이다. 전국시대 제(齊)나라의 재상 맹상군이 식객(食客)을 좋아하여 천하의 선비들이 모여들었는데, 그 중에는 죄가 있는 자, 도망 중인 자까지 섞여 있었다.

어느 날, 멀리서 맹상군을 찾아온 풍환(馮驩)이라는 사나이가 있었다. 짚신을 신고 남루한 옷차림이었다. 맹상군은 그를 전사(傳舍)라는 3등 숙사에 머무르게 하였다.

열흘쯤 지나 풍환이 어떻게 지내는지 궁금해 숙사의 사감에게 넌지시 물어보았더니 풍환은 그가 가지고 있는 단 하나인 장검(長劍)의 칼집을 두드리면서 이렇게 노래하고 있다는 것이다.

"장검아, 돌아갈거나, 이곳 식사엔 고기도 없구나(長鋏歸來乎 食無魚)."

이 말을 들은 맹상군은 풍환을 한 층 격이 높은 행사(幸舍)라는 숙사에 바꾸어 들게 하였다. 이곳 밥상에는 고기가 딸려 나왔다.

그것으로써 만족하고 있는 줄 알았더니, 닷새쯤 지나서 풍환은 또다시 장검의 칼집을 두드리면서 노래하고 있다는 것이었다.

"장검아, 돌아갈거나, 바깥에 나가려도 마차가 없구나(長鋏歸來乎 出無車)."

그래서 맹상군은 풍환을 최상급인 대사(代舍)라는 숙사로 옮겨 주었다. 이곳은 외출하는 데 탈것이 딸려 있으므로 이번에야 풍환도 만족하겠지 하고 생각하였는데, 그렇지가 않아 닷새가 지나자 또다시 풍환은 장검을 두드리며 노래하고 있다는 것이었다.

"장검아, 돌아갈거나, 처자(妻子)도 없고 집도 없구나(長鋏歸來乎 無以爲家)."

식객의 신분으로서는 이는 다소 분에 넘치는 태도였을 것이다. 맹상군도 이에는 불유쾌한 얼굴을 하고 그대로 내버려 두었다.

그건 그렇고, 식객삼천(食客三千)이라 일컫는 맹상군인지라, 그 비용을 염출하는 데만도 큰일이었다. 그 때문에 채읍(采邑)인 설(薛)의 영민(領民)에게 돈을 대부하여 그 이자로 치다꺼리하려 했으나, 1년이 지나도 이자는 고사하고 원금도 제대로 돌아오지 않았다.

그래서 사감의 추천으로 앞서 말한 풍환이 그 돈의 징수원

이 되어 떠나게 되었다.

설(薛)로 떠난 풍환은 차용주를 모조리 초대하여 모아들인 10만 전(錢)의 이자로 술을 사고 살찐 소를 잡아 잔치를 베풀었다. 잔치가 한창일 무렵, 한 사람 한 사람 차용증서와 대조하고 나서 지불에 대한 기일과 방법을 절충해 나갔다. 절충이 잘 되어가는 축도 있었으나, 그 중에는 갚을 길이 막연한 자도 많았다.

풍환은 이자를 치를 수 있는 자외는 기일을 약정하고, 아무래도 치르지 못할 자에게서는 차용증서를 곁에 있는 화롯불에 던져 태워버렸다. 한자리에 있던 사람들이 모두들 깜짝 놀라고 있을 때 풍환은 일어서서 이렇게 말했다.

"맹상군이 여러분에게 돈을 대부한 것은 생업(生業)의 밑천으로 여러분의 생활의 안정을 도모코자 한 것이며, 또 이자를 받는 것은 식객의 뒤치다꺼리를 할 비용에 쓰기 위해서였습니다. 지금 여유가 있는 사람들한테서는 지불 기일을 약속받았고, 곤궁한 사람들에 대해서는 그 증서를 불태워버렸습니다. 이것이 우리 주군의 참뜻에 이바지하는 방법입니다. 아무쪼록 이 점을 이해하시고 오늘은 마음껏 드신 다음 내일부터는 한층 더 생업에 힘써 주시기를 바랍니다."

맹상군이 이 말을 듣고 불끈 화를 내며 풍환을 불러들였으나 풍환은 이렇게 말했다.

"받을 수 없는 자에게서는 10년을 기다려도 한푼도 받을 수 없습니다. 그런 쓸데없는 증서는 태워버리고 돈 대신 주군의 의도하시는 바를 영민들에게 납득시켜 주군의 명예나마 높이고자 한 것이옵니다. 이것이 어째서 나쁘다 하겠습니까."

그 말을 듣고 맹상군은 당장에 노여움을 거두고는 도리어 풍환에게 감사의 치사를 했다는 것이다.

훗날 재상의 지위를 물러나게 된 맹상군이 실의에 빠져 설(薛)로 돌아갔더니 영민들은 경계에까지 마중을 나와 맹상군을 위로해 주었다.

3천 명이나 되는 식객들은 모두 그곳을 떠났지만 풍환 한 사람만은 마지막까지 머물러 있었으며, 후에 제왕(齊王)을 설득하여 맹상군을 또다시 재상의 지위에 오르게 했다.

교토삼굴 狡兎三窟

교활할 狡 토끼 兎 구멍 窟

꾀 많은 토끼가 굴을 세 개나 가지고 있었기 때문에 죽음을 면할 수 있었다는 뜻으로, 교묘한 지혜로 위기를 피하거나 재난이 발생하기 전에 미리 준비를 해야 한다는 말.

풍환(馮驩)은 제(齊)나라의 재상(宰相)인 맹상군의 식객이었다. 맹상군은 왕족인 정곽군(靖郭君) 전영(田嬰)의 아들로 이름은 전문(田文)이고, 맹상군은 그의 호이다.

풍환은 본디 거지였는데 맹상군이 식객을 좋아한다는 말에 짚신을 신고 먼 길을 걸어왔던 사람이다. 맹상군은 그의 몰골이 하도 우스워 별 재주는 없어 보였지만 받아주었다.

그러나 그는 괴짜였다. 맹상군은 그를 3등 숙소에 배치했는데 고기반찬이 없다고 늘 투덜댔다. 그래서 2등 숙소로 옮겨 주었는데 이번에는 수레가 없다고 불평을 하는 것이 아닌가. 마지막으로 1등 숙소로 옮겨 주자 그럴 듯한 집이 없다며 투덜댔다.

당시 맹상군은 설(薛 : 현재 山東省 동남지방)에 1만 호의 식읍을 가지고 있었다. 3천 명의 식객을 부양하기 위해 식읍 주민들에게 돈놀이를 하고 있었는데 도무지 갚을 생각을 하지 않았다.

누구를 보내 독촉할까 궁리하고 있는데 1년간 무위도식(無爲徒食)으로 일관했던 풍환이 자청했으므로 그를 보내기로 했다.

출발할 때 그는 물었다.

"빚을 받고 나면 무엇을 사올까요?"

맹상군이 말했다.

"무엇이든 좋소. 여기에 부족한 것을 부탁하오."

풍환은 설로 가서 맹상군의 돈을 빌린 사람들을 불러 이자 10만 전을 받았다. 풍환은 그 돈으로 술을 많이 빚고 살찐 소를 사놓은 다음, 채무자가 모두 모이도록 해놓고 이렇게 공고했다.

"이자를 낼 사람은 모두 오시오. 이자를 낼 수 없는 사람도 오시오."

모인 사람은 모두 차용증서를 손에 들고 일일이 꾸어 준 쪽의 문서와 대조해 보고 모두 다시 회합할 날을 정했다. 그 날은 소를 잡고 술을 걸러서 주연을 베풀었다.

술자리가 한창 벌어졌을 때, 증서를 내어 앞서와 마찬가지로 맞추어보고 이자를 낼 만한 사람과는 서로 의논하여 원리금 반제할 기한을 정하고, 가난해서 이자를 낼 수 없는 사람에게는 그 차용증서를 불태워 버린 다음 이렇게 말했다.

"맹상군이 자기 영토의 백성들에게 돈을 꾸어 주었던 것은 자금이 없는 사람에게 자금을 주어 본업(本業)을 경영하도록 하기 위함이었소. 또 이자를 받는 것은 빈객을 대접할 자금이 모자랐기 때문이오. 이제 여러분이 본 바와 같이 부유한 사람에게는 반제할 기한을 약속 받았고, 가난한 사람의 증서는 불태워 버렸소. 여러분, 실컷 마시고 먹도록 하시오. 이런 군주가 있는데, 어찌 그 뜻을 저버릴 수 있겠소!"

앉아 있던 사람들이 모두 일어나서 재배(再拜)했다.

설에서 돌아온 풍환에게 맹상군이 물었다.

"선생은 무엇을 사오셨소?"

풍환이 말했다.

"주군에게 지금 부족한 것은 은혜와 의리입니다. 차용증서를 불살라 당신을 위해 돈 주고 사기 힘든 은혜와 의리를 사가지고 왔습니다(此時馮驩曰 君之不足則恩義也 以燒借書爲君賣恩義來)."

이 말을 들은 맹상군은 매우 마땅찮은 기색이었다.

1년 후, 맹상군이 제나라의 새로 즉위한 민왕(泯王)에게 미움을 사서 재상 직에서 물러나자, 3천 명의 식객들은 모두 뿔뿔이 떠나버렸다.

풍환은 그에게 잠시 설에 가서 살라고 권유했다. 맹상군이 실의에 찬 몸을 이끌고 설에 나타나자 주민들이 환호하며 맞이했다. 맹상군이 풍환에게 말했다.

"선생이 전에 은혜와 의리를 샀다고 한 말뜻을 이제야 겨우 깨달았소."

풍환이 말했다.

"교활한 토끼는 구멍을 세 개나 뚫지요(狡兎三窟). 지금

공께서는 한 개의 굴을 뚫었을 뿐입니다. 따라서 아직 베개를 높이 베고 근심 없이 잠을 잘(高枕無憂) 수는 없습니다. 공을 위해 나머지 두 개의 굴도 마저 뚫어드리지요."

그래서 그는 위(魏)나라의 혜왕(惠王)을 설득하여 맹상군을 등용하면 부국강병(富國强兵)을 실현할 것이며, 동시에 제나라를 견제하는 힘도 될 수 있다고 역설했다. 마음이 동한 위의 혜왕이 금은보화를 준비하여 세 번이나 맹상군을 불렀지만, 그 때마다 풍환은 맹상군에게 응하지 말 것을 은밀히 권했다.

이 사실은 제나라의 민왕에게 알려지게 되었고, 아차 싶었던 민왕은 그제야 맹상군의 진가를 알아차리고 맹상군에게 사신을 보내 자신의 잘못을 사과하고 다시 재상의 직위를 복직시켜 주었다. 두 번째의 굴이 완성된 셈이다.

두 번째의 굴을 파는 데 성공한 풍환은 세 번째 굴을 파기 위해 제민왕을 설득, 설 땅에 제나라 선대의 종묘를 세우게 만들어 선왕(先王) 때부터 전승되어 온 제기(祭器)를 종묘에 바치도록 했다. 선대의 종묘가 맹상군의 영지에 있는 한 설혹 제왕의 마음이 변심한다 해도 맹상군을 함부로 대하지 못할 것이라는 계산에서였다.

"이것으로 세 개의 구멍이 되었습니다. 이제부터 주인님은 고침안면 하십시오."

이리하여 맹상군은 재상에 재임한 수십 년 동안 별다른 화를 입지 않았는데 이것은 모두 풍환이 맹상군을 위해 세 가지 보금자리를 마련한 덕이다.

이 「교토삼굴(狡兔三窟)」 고사는 불안한 미래를 위해 미리 준비를 해야 한다는 말로, 완벽한 준비 뒤에는 뜻하지 않는 불행은 찾아오지 않는다.

名不虛傳 (명불허전)

빌 虛 전할 傳

이름은 헛되이 전해지지 않는다는 뜻으로, 명성이 널리 알려진 데는 그럴 만한 까닭이 있음을 이르는 말.

전국시대에 이른바 「전국 사공자(戰國四公子)」 가운데 한 사람인 맹상군(孟嘗君) 전문(田文)은 인재들을 후하게 대접하여 수천의 식객을 거느린 것으로 이름이 높았다. 그는 제(齊)의 왕족으로 진(秦)·제(齊)·위(魏)의 재상을 역임한 실력자였지만, 식객을 대등하고 진솔하게 대우하여 다양한 재주를 지닌 사람들이 그의 영지인 설(薛, 지금의 산동성 등주) 지역으로 모여들었다.

《사기(史記)》 맹상군(孟嘗君)열전에는 맹상군이 얼마나 식객들을 잘 대우했는지를 보여주는 다양한 일화들이 기록되어 있다.

맹상군은 설(薛)에 있으면서 제후의 빈객을 초대했는데, 죄를 짓고 도망친 자까지 찾아왔다. 맹상군은 가산을 팔아가면서까지 따뜻하게 대우했기 때문에, 그에게 모여드는 사람들은 천하의 선비를 모두 옮겨놓은 것 같았다. 식객은 수천을 헤아릴 정도였는데, 귀천에 관계없이 모두 자기와 대등하게 대우했다.

맹상군이 방문객을 응대하면서 좌담할 때, 병풍 뒤에서는 항상 시사(侍史 : 기록을 담당한 사람)가 있어서 맹상군이 손님에게 그 친척의 주소를 물으면 기록했다. 그리고 손님이 가면 맹상군은 즉시로 사자를 보내 그 친척을 방문케 하고 예물을 보냈다.

어느 날, 맹상군이 손님을 접대하고 함께 야식을 먹으려 할 때, 누군가 등불을 막아 방안이 어두웠다. 손님은 음식에 차별이 있기 때문이라고 의심하고 기분이 상해서 식사를 사양하고 돌아가려고 했다.

이때 맹상군은 자리에서 일어나 그 음식을 몸소 손에 들고 늘어놓아 보였다. 손님은 부끄러워하며 스스로 목을 찔러 자결했다. 이 일로 인해서 맹상군에게 복종하는 선비가 더욱 많아졌다.

맹상군은 손님을 가리지 않고 잘 대우하여 사람마다 모두 맹상군이 자기와 친하다고 여겼다고 한다. 때문에 그가 진(秦) 소왕(昭王)의 초빙을 받아 재상(宰相)이 되었다가 모함을 받아 진(秦)을 탈출하는 과정에서 비롯된 「계명구도(鷄鳴狗盜)」의 고사(古事)처럼, 그에게는 도둑질을 잘하는 사람과 닭 울음소리를 잘 내는 사람 등 온갖 재주를 가진 사람들이 모여들었다.

맹상군이 일찍이 설(薛) 땅을 지나는데 그 고장 풍속이 대체로 거친 사람이 많아 까닭을 물으니, "맹상군이 천하의 협객과 간사한 자를 불러 모았으니 설 땅에 들어온 사람이 대략 6만여 가호(家戶)나 되었다."는 답변을 들었다고 적었다. 그리고 "세상에 전하기를 맹상군이 객을 좋아하고 스스로 즐거워하였다고 하니 그 이름이 헛된 것이 아니었다(世之傳孟嘗君好客自喜 名不虛矣)."고 덧붙였다.

여기에서 "이름은 헛되이 전(傳)해지지 않는다."는 뜻의 「명불허전(名不虛傳)」이라는 표현이 비롯되었으며, 명성이 널리 알려진 데는 그럴 만한 까닭이 있음을 나타내는 말로 오늘날에도 널리 쓰인다.

양자력 量自力 헤아릴 量

자신의 능력을 똑바로 알고 거기에 맞게 행동한다.

전국시대 제(齊)나라의 맹상군 전문(田文)은 지금의 산동성(山東省) 일부인 설(薛)지방을 나라에서 하사받아 다스리고 있었는데, 갑자기 남쪽 초(楚)나라 군의 침공을 받게 되었다. 설은 비록 한 제후의 영지이긴 해도 인구의 번창함이나 물산의 풍부함에서 웬만한 작은 나라에 손색이 없을 정도였으므로 초나라가 욕심을 낸 것이다.

다급해진 맹상군은 휘하에 거느리고 있는 병력을 총동원하여 초나라 군에 맞설 준비를 서두르는 한편, 제나라 조정에 사자를 급파하여 구원을 요청했다. 그런 긴박한 상황에서 뜻밖의 보고가 들어왔다. 대부(大夫) 순우곤(淳于髡)이 지금 성 밖에 도착해 있다는 것이다. 순우곤은 익살과 다변(多辯)에 뛰어난 제나라 학자이다.

귀가 번쩍 뜨인 맹상군은 몸소 한달음에 달려나가 순우곤의 손을 잡으며 반겨 맞았다.

"대부께서 먼 길을 마다 않고 누추한 곳까지 찾아 주시니 이보다 기쁜 일이 어디 있겠소."

"전하의 명을 받들어 초나라에 사신으로 갔다가 돌아오는 길에 공을 뵙고자 잠시 들렀습니다. 어려움을 당하신 터라 경황이 없으실 텐데 폐가 되지나 않을는지요?"

"무슨 섭섭한 말씀을! 좌우지간 어서 들어가십시다."

맹상군은 순우곤을 데리고 들어와 융숭하게 대접했다. 그리고는 슬픈 얼굴로 간곡하게 말했다.

"별안간 초나라군의 침공을 받게 되니 어찌해야 좋을지 모르겠습니다. 자체 군사를 동원하여 막으려 하고 있으나, 아무래도 중과부적이라 오래 지탱할 수 없을 것입니다. 부디 명공께서 발 벗고 나서서 어려움을 덜어 주시지 않는다면, 소생이 다시금 공의 얼굴을 뵐 수 있는 기회는 없을 것입니다. 부디 소생을 살려 주십시오."

"잘 알겠습니다. 너무 걱정하지 마십시오. 궁에 도착하는 대로 전하께 여쭈어 구원군을 파견하도록 손을 쓰겠습니다. 사정이 급하니 한시바삐 떠나야겠습니다."

순우곤은 그렇게 말하고 서둘러 출발했다

이윽고 수도 임치에 도착한 순우곤은 선왕(宣王)에게 귀국 보고를 했다. 초나라 임금과 대신들을 만나 양국 간의 외교적 관심사를 이러저러하게 논의하고 여차여차하게 결정했다고 설명하자, 선왕이 물었다.

"그런데 지금 초나라 군이 설을 침공한 것은 어떻게 된 것이오?"

"신이 그렇게 설명했어도 초나라 사람들은 우리 실정을 아직 잘 모르고 있습니다. 그들은 다만 설이 맹상군의 영지이므로 그 곳을 점령해도 우리 조정이 수수방관할 것으로 오판한 것 같습니다."

"맹상군은 어떻게 대비하고 있소?"

"맹상군 역시 '자신의 역량을 똑바로 알고(量自力)' 있는 것 같지 않았습니다. 전하께 구원군을 청했다고 들었습니다만, 스스로의 힘으로 초나라 군을 막아낼 수 있을 것으로 자신하고 있더군요. 그러나 신이 보기에 그것은 한낱 만용에 지나지 않다고 판단됩니다. 설에는 역대 임금의 종묘(宗廟)가 있는데, 만약 초나라 군이 그 곳을 점령해 버리면 종묘는 보존되기 어려울 것입니다."

그 때까지만 해도 지원군 파견에 소극적인 생각을 가지고 있던 선왕은 그 말을 듣자 벌떡 일어나며 외쳤다.

"그렇소! 그곳에 종묘가 있다는 사실을 내가 깜박 잊고 있었구려!"

그리고는 즉각 전군 동원령을 내렸다. 제나라 군이 설을 구원하기 위해 달려온다는 정보를 입수한 초나라 군은 서둘러 철수하고 말았다.

순우곤의 재치 덕분에 맹상군과 설은 위기를 모면할 수 있었다.

순우곤은 성이 순우(淳于) 이름 곤(髡). 익살과 다변(多辯)으로 유명했다. 천한 신분 출신으로, 몸도 작고 학문도 잡학(雜學)에 지나지 않았으나 기지가 넘치는 변설로 제후를 섬겨 사명을 다하고, 군주를 풍간(諷諫)하기도 했다. 초(楚)나라가 제나라로 쳐들어 왔을 때 조(趙)나라의 병사를 이끌고 이를 구했다고도 한다.

그의 변론은 《전국책(戰國策)》과 《사기(史記)》골계열전(滑稽列傳)에 기록되어 있으며, 《맹자》이루장구상(離婁章句上)에도 맹자와의 논전이 수록되어 있다.

炎涼世態 (염량세태)　　더울 炎 서늘할 凉 세상 世 태도 態

권세가 있으면 아첨하고, 몰락하면 냉대하는 세상의 인심.

우리 속담에 "달면 삼키고 쓰면 뱉는다."와 비슷한 뜻으로, 이익이 되면 따라붙고 불리하면 냉정하게 배척하며 믿음과 의리나 지조(志操)가 없이 단지 이익만을 꾀함을 이르는 말이다.

"더웠다가 서늘하여지는 세태"라는 뜻으로, 무상한 변화의 세상형편을 말한다.

권세가 있을 경우에는 아부하고, 권세가 쇠락하면 등을 돌리는 인정의 두터움과 야박함이 무상한 세속의 형편을 비유한 말이다.

인생이나 사물의 성하고 쇠함이 서로 바뀐다는 영고성쇠(榮枯盛衰)가 무상한 세태를 말한다.

전국시대 제(齊)나라 맹상군(孟嘗君)은 권력을 잡고 세도를 부렸으나 동시에 뜻을 이루지 못한 선비와 기거할 곳 없는 지사, 재주 있는 자들을 모두 식객으로 받아들였다. 그들을 위해서 거금을 들여 집도 짓고 신분에 개의치 않고 접대도 했다.

제나라 왕은 그의 위세가 날로 커져가는 것에 불안을 느껴 그를 파직시키고 국외로 추방해버렸다. 그러자 그동안 대접을 받던 식객들도 모두 떠나가 버렸다.

그 후 제나라 왕이 다시 맹상군을 복직시키자 떠났던 식객들이 다시 몰려들었다. 맹상군이 황당하여 말했다.

"아니, 이 자들이 무슨 염치로 다시 나를 찾아오는 것인가?"

그러면서 받아들이지 않으려 했다. 그러자 곁에 있던 맹상군의 수하가 이렇게 말했다.

"사람들이 아침이면 시장으로 모이고 저녁이면 뒤도 돌아보지 않고 흩어지는 것은 사람들이 아침시장을 특별히 편애하고 저녁시장을 유달리 미워해서가 아닙니다. 저녁시장에는 필요한 물건이 이미 다 팔리고 없는지라 떠나갈 뿐입니다. 주군이 권세를 잃자 떠나간 것이고, 다시 되찾자 모여들 뿐이니 이는 자연스러운 이치입니다. 속으로 원망은 되겠으나 저들을 물리치지 마십시오. 모두 주군의 힘이 될 것입니다."

이에 맹상군은 참고 웃는 얼굴로 그들을 받아들였다고 한다.

木梗之患 (목경지환)

인형 梗 근심 患

나무 인형의 근심이라는 뜻으로, 타향에서 죽어 고향으로 돌아가지 못하거나 자기 본래의 모습으로 돌아가지 못함을 가리키는 말.

맹상군은 제(齊)나라의 공족(公族)이며, 전국시대 말기 「사군(四君)」의 한 사람으로, 이름은 전문(田文)이다. 선왕(宣王)의 서제(庶弟)인 아버지 전영(田嬰)의 뒤를 이은 다음, 귀천의 구분 없이 천하의 인재들을 모아 후하게 대접하였다. 그래서 식객이 수천 명이나 되었으며, 어질다는 소문을 천하에 떨치게 되었다.

맹상군이 진(秦)나라 소왕(昭王)의 초빙으로 진나라로 들어가려 했을 때의 일이다. 여러 빈객들이 반대했으나 그는 간언을 물리치며 이렇게 말하였다.

"인간 세상의 일로 나를 간한다면 그것은 내가 전부 아는 일이며, 만약 귀신의 일을 빌려 나를 간한다면 나는 그를 죽일 것이다."

그때 소대(蘇大 : 소진의 동생)라는 빈객이 들어와 그에게 말하였다.

"오늘 아침에 내가 이곳으로 올 때, 목우인(木偶人 : 나무인형)과 토우인(土偶人 : 찰흙인형)이 이야기하는 것을 들었습니다. 목우인이 토우인을 보고 말하기를, '비가 오면 너는 당장에 무너져 버릴 것이다.' 라고 하니, 토우인이 이렇게 말했습니다. '나는 원래 흙으로 만들어졌으니 무너지면 흙으로 돌아갈 뿐이지. 너는 이제 비가 와서 흘러 떠내려가면 어디까지 갈 것이냐?' 지금 진나라는 천하를 노리는 강한 나라이고, 호랑이나 이리(虎狼)와 같은 마음을 가지고 있습니다. 당신이 그래도 진나라로 들어간다면 혹 나무인형의 화를 입게 되지 않을까 두렵습니다."

이 말을 듣고 맹상군은 진나라에 가지 않기로 했다.

「목경지환」은 나무 인형이 화를 당하면 본래의 나무로 돌아갈 수 없듯이, 본래의 자기 모습을 잊고 함부로 행동해서는 돌이킬 수 없다는 뜻으로 쓰이는 말이다. 또 타향에서 죽어 고향으로 돌아오지 못하는 것을 말하기도 한다.

맹상군

| 명문동양문고 |
史記 名言 100 上

초판 인쇄일 / 2020년 2월 25일
초판 발행일 / 2020년 3월 02일

☆

엮은이 / 金東求
펴낸이 / 金東求
펴낸데 / 圖書出版 明文堂 (창립 1923년 10월 1일)
서울특별시 종로구 윤보선길 61(안국동)
우체국 010579-01-000682
☎ (영업) 733-3039, 734-4798
(편집) 733-4748
FAX. 734-9209
e-mail : mmdbook1@hanmail.net
등록 1977. 11. 19. 제 1-148호

☆

ISBN 979-11-90155-34-2 03140

☆

값 10,000원 (낙장이나 파본은 구입하신 서점에서 교환해 드립니다.)